U0917003

SHAPING
HAPPY
EMPLOYEES

塑造幸福从业者

新生代企业员工职业心理健康研究

张琳琳 著

中国大百科全书出版社

图书在版编目（CIP）数据

塑造幸福从业者／张琳琳著．—北京：中国大百科全书出版社，2017.1

ISBN 978-7-5202-0012-7

Ⅰ.①塑… Ⅱ.①张… Ⅲ.①企业管理—人事管理 Ⅳ.①F272.92

中国版本图书馆 CIP 数据核字（2017）第 009589 号

责任编辑 王 瑜
封面设计 程 然
责任印制 魏 婷
出版发行 中国大百科全书出版社
地　　址 北京市阜成门北大街 17 号　　**邮政编码** 100037
电　　话 010-88390093
网　　址 http://www.ecph.com.cn
印　　刷 北京君升印刷有限公司
开　　本 787 毫米 ×1092 毫米　1/16
印　　张 16.75
字　　数 180 千字
印　　次 2017 年 2 月第 1 版　2017 年 2 月第 1 次印刷
书　　号 ISBN 978-7-5202-0012-7
定　　价 38.00 元

谨以此书献给我的父亲张宝权先生，

藉以怀念我逝去的父亲。

教育部人文社会科学研究项目终结成果
（项目批准号：10YJCZH224）

中央高校基本科研业务费专项资助成果
（项目批准号：HEUCF20161303）

目录

第一部分　前言 …… 1
一、职业健康心理学的研究视域 …… 2
二、职业健康心理学的功能启示 …… 18

第二部分　职业心理健康的理论研究 …… 23
一、职业健康心理学概述 …… 24
二、工作倦怠研究概述 …… 42
三、工作投入研究概述 …… 70

第三部分　新生代企业员工工作倦怠与工作投入的生成模式研究 …… 97
一、新生代企业员工工作倦怠与工作投入的状况及特点 …… 98
二、新生代企业员工个体特质与工作倦怠、工作投入的关系 …… 126
三、新生代企业员工工作—家庭冲突与工作倦怠、工作投入的关系 …… 144
四、新生代企业员工工作环境与工作倦怠、工作投入的关系 …… 163
五、新生代企业员工工作倦怠与工作投入的环境共生模型 …… 184

第四部分　群体动力学作用下的新生代企业员工积极组织行为形成机制研究 …… 193

一、过度教育对新生代企业员工工作投入的相对剥夺 …… 194

二、情感传染对新生代企业员工工作投入的传递效应 …… 210

三、团队创造力影响新生代企业员工主动工作行为的跨层次模型 …… 226

第五部分　结论 …… 245

索引 …… 251

图表目录

第一部分　前言 …………………………………………………………………… 1

图 1－1－1　工作倦怠与工作投入的关系图 ………………………………… 7

图 1－1－2　预防→控制→治疗的三级立体干预模型 ……………………… 14

第二部分　职业心理健康的理论研究 ………………………………………… 23

图 2－1－1　欧洲职业健康心理学学科基础 ………………………………… 26

图 2－1－2　北美职业健康心理学学科基础 ………………………………… 27

表 2－2－1　工作倦怠概念界定 ……………………………………………… 44

表 2－3－1　工作沉迷类型划分 ……………………………………………… 80

第三部分　新生代企业员工工作倦怠与工作投入的生成模式研究 …… 97

表 3－1－1　初测被试基本情况 ……………………………………………… 102

表 3－1－2　正式测量被试基本情况 ………………………………………… 103

表 3－1－3　工作倦怠问卷验证性因素分析各指数拟合结果 ……………… 105

图 3－1－1　工作倦怠问卷验证性因素分析模型 …………………………… 106

表 3－1－4　工作投入问卷验证性因素分析各指数拟合结果 ……………… 109

图 3－1－2　工作投入问卷验证性因素分析模型 …………………………… 109

表 3－1－5　新生代企业员工工作倦怠和工作投入的描述统计 …………… 111

表 3－1－6　MANOVA 整体检验结果摘要表 ………………………………… 112

表 3－1－7　不同工龄、婚姻状况新生代企业员工工作倦怠的差异 ……… 113

表 3－1－8　性别与职务在工作倦怠上的交互作用及简单效应 …………… 114

图 3－1－3　性别与职务变量在工作倦怠上的交互作用图解 ……………… 115

表 3－1－9　职务、工龄和婚姻状况在工作倦怠总分上的交互作用分析 ………… 116

表 3－1－10　职务、工龄和婚姻状况在工作倦怠总分上的简单效应分析 ……… 116

表3-1-11　不同婚姻状况新生代企业员工工作投入的差异……………………… 117
表3-1-12　工龄与职务变量在工作投入上的交互作用及简单效应 …………… 117
图3-1-4　工龄与职务变量在工作投入上的交互作用图解 …………………… 119
表3-1-13　婚姻状况与职务变量在工作投入上的交互作用及简单效应 ……… 120
图3-1-5　婚姻状况与职务变量在工作投入上的交互作用图解 ……………… 121
表3-2-1　新生代企业员工人格得分与全国常模的比较 ……………………… 130
表3-2-2　工作倦怠的临界值………………………………………………… 131
表3-2-3　高倦怠组和非倦怠组的划分及检出率…………………………… 132
表3-2-4　工作投入的临界值………………………………………………… 133
表3-2-5　高投入组和非投入组的划分及检出率…………………………… 133
表3-2-6　人格变量与工作倦怠、工作投入的偏相关 ………………………… 134
表3-2-7　内—外倾向性、神经质、精神质对工作倦怠分组的判别分析摘要表…… 135
表3-2-8　工作倦怠分组正确率交叉表 ………………………………………… 136
表3-2-9　内—外倾向性、神经质、精神质对工作投入分组的判别分析摘要表…… 136
表3-2-10　工作投入分组正确率交叉表……………………………………… 137
表3-3-1　不同性别新生代企业员工在家庭侵扰工作上的差异 ……………… 150
表3-3-2　性别与职务在家庭侵扰工作上的交互作用及简单效应 …………… 151
图3-3-1　性别与职务变量在家庭侵扰工作上的交互作用图解 ……………… 152
表3-3-3　工作—家庭冲突在工作倦怠分组上的差异检验 …………………… 153
表3-3-4　工作—家庭冲突在工作投入分组上的差异检验 …………………… 153
表3-3-5　工作—家庭冲突与工作倦怠各维度及工作投入各维度的偏相关 …… 154
表3-3-6　工作—家庭冲突对工作倦怠各维度的分层回归分析结果………… 156
表3-3-7　工作—家庭冲突对工作投入各维度的分层回归分析结果………… 157
表3-4-1　新生代企业员工工作环境特征的描述统计 ………………………… 169
表3-4-2　工作环境特征与工作倦怠各维度及工作投入各维度的偏相关 ……… 170
表3-4-3　新生代企业员工工作环境特征对工作倦怠各维度的分层回归分析 … 171
表3-4-4　体能工作要求、工作不稳定、领导支持对情感耗尽的相对贡献 …… 173
表3-4-5　体能工作要求、工作自主度、领导支持预测讥诮的相对贡献 ……… 173

表3－4－6　体能要求、工作自主度、领导支持、同事支持对低职业效能贡献 … 175
表3－4－7　新生代企业员工工作环境特征对工作投入各维度的分层回归分析 … 176
表3－4－8　工作自主度、领导支持预测活力的相对贡献 ………………………… 177
表3－4－9　工作不稳定、工作自主度、领导支持预测奉献的相对贡献 ………… 178
表3－4－10　工作自主度、领导支持预测专注的相对贡献………………………… 179
表3－5－1　各变量的相关矩阵……………………………………………………… 187
表3－5－2　新生代企业员工工作倦怠和工作投入的共生模型各指数拟合结果 … 189
图3－5－1　新生代企业员工工作倦怠和工作投入的共生模型 …………………… 189

第四部分　群体动力学作用下的新生代企业员工积极组织行为形成机制研究 ……………………………………………………………… 193

图4－1－1　研究架构 ……………………………………………………………… 199
表4－1－1　变量的平均数、标准差及零阶相关结果 ……………………………… 202
表4－1－2　层级回归结果：过度教育与心理授权的作用 ………………………… 204
图4－1－2　过度教育对心理授权中介效应的调节作用 …………………………… 206
图4－2－1　团队情境中新生代企业员工工作投入生成模式 ……………………… 217
表4－2－1　描述性统计结果………………………………………………………… 220
图4－2－2　团队领导心理资本调节效应图 ………………………………………… 221
表4－2－2　HLM 分析结果：主效应和交互效应 ………………………………… 222
图4－3－1　新生代企业员工知识分享形成机制的跨层次理论模型 ……………… 234
表4－3－1　个体层面变量描述性统计 ……………………………………………… 238
表4－3－2　团队层面变量描述性统计 ……………………………………………… 238
图4－3－2　团队创造力的调节效应图 ……………………………………………… 239
表4－3－3　HLM 分析结果：主效应和交互效应 ………………………………… 240

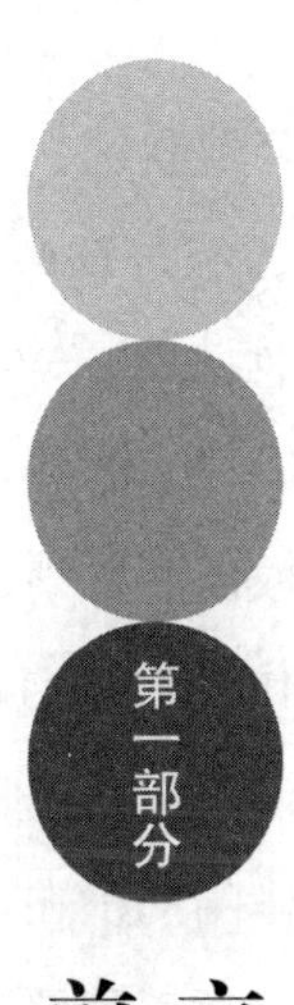

前言

一、职业健康心理学的研究视域

工作是社会中个体的经济状况、文化水平、行为模式、思想情操、生活方式等方面的综合反映，是一个人权利、义务、职责以及社会地位的一般性表征。Wrzesniewski 等学者曾经用工作（job）、生涯（career）和使命（calling）来描述人在工作中所表现出的三种职业取向。其中，第一种取向的个体，多将工作当作谋生手段，工作的主要目的是为了获取经济收益，用于满足家庭开支和生活消费。第二种取向的个体，多将工作视为通往成功的途径，工作的动机在于获取更为广泛的社会认可和相对较高的社会地位。第三种取向的个体，则将工作诠释为自我实现的过程，能够把工作同个人价值、社会意义有机地融合在一起，工作目的在于为社会做贡献，并从中体验到内在乐趣①。职业专家曾做过统计，人一生当中的黄金时间至少有一半用于工作。从追寻生命意义和效用的角度来看，工作也不应仅仅被当作一种谋生工具。在职业生涯中追求高远，享受工作投入所带来的乐趣，远离工作倦怠带来的痛苦，是多数从业者所追寻的目标。

“新生代”是“80、90 后”青年群体的代名词，指从

---

① Wrzesniewski A, McCauley C, Rozin P, Schwartz B. Jobs, careers, *and callings*: *People's relations to their work* [J]. Journal of Research in Personality, 1997, 31: 21 – 33.

1978年中国实行计划生育政策后诞生的一代人，他们是改革开放的“同龄人”。现阶段，中国企业内38周岁以下的员工，都属于新生代企业员工。作为社会财富的主要创造者，新生代企业员工已成为推动经济发展的生力军。2013年教育部统计数据显示，中国有近700万名普通高校毕业生进入就业市场，其中绝大部分是“90后”。部分企业“85后”员工所占比例高达70%以上，他们已经陆续成长为企业核心人才，少部分人还在重要的管理、技术岗位任职。伴随着中国企业文化朝着多元方向发展，新生代企业员工的价值观也逐渐呈现多元化的态势。同上一代用工群体相比，新生代企业员工个性张扬、自尊心强、有理想、有抱负，但在适应社会、处理压力和调节情绪等方面缺乏经验，心理承受能力较弱。这反映到现实的工作中，一部分人对所从事的工作认同感和成就感较低，耐心和信心不足，缺乏奉献精神；另一部分人则对工作充满热情、活力，享受专心工作带来的成果与愉悦。体现在职业健康心理学的研究中，则表现为新生代企业员工出现了工作倦怠和工作投入的分化趋势。工作倦怠作为一种心理枯竭状态，是工作情境中慢性压力的延迟反映。工作投入则是与工作倦怠截然不同的一种工作心理状态，是从业者工作中活力、奉献和专注的集中体现。

国内外职业健康心理学研究正处于不断完善与扩展之中，并日益显露出自身特点与文化学内涵。中国新生代企业员工群体的工作倦怠与工作投入，其表现形式如何？其生成模式和形成机制如何？如何采取积极措施来培养、促进、提升工作投入？如何将职业健康心理学的科学研究与中国新生代企业员工群体的背景特征有机结合起来，构建新生代企业员工职业心理健康科学研究体系？这些问题既反映了职业健康心理学长期以来对职业压力的关注，又代表了职业健康心理学致力于“打造幸福从业者”的积极研究取向。因此，在职业健康心理学理论框架下对中国新生代企业员工职业心理健康状况加以研究，具有重要的理论与现实意义。

1 基于职业健康心理学积极取向的思考

心理学研究长期沿着聚焦于整个人类和社会消极方面的4D（Damage，Disease，Disorder，Dysfunction）路线前行。临床心理学家花费大部分时间在病理的研究、诊断和治疗上；社会心理学家关注人类的幻想、偏见和错误；文化心理学家创造性地把助人行为解释为自私行为。同样，组织生活也被这样的消极方面所影响，如果员工缺乏某些工作能力，替换他们比为他们订制培养计划更简单易行。心理学的“消极偏好”，从已发表的论文上也可略窥一斑。2000 年，Mayers 发表在《美国心理学家》（*American Psychologist*）上的研究报告指出，对于消极心理状态的研究以 14∶1 的比例，远远超过了针对积极心理状态的研究。例如，70856 篇科研论文研究抑郁，而只有 3000 篇研究幸福感，850 篇研究欢乐①。Diener 等学者更早的

① Mayers D G. The funds，friends，and faith of happy people [J]. American Psychologist，2000，55：56－67.

统计表明，消极情感与积极情感的研究比例为17:1①。工作倦怠是职业健康心理学的重要研究课题，无论是在学术界还是媒舆界，都是较为引人关注的热门话题。仅2002年8月在美国心理学会（American Psychology Association，APA）文献库中，对“工作倦怠”这一术语的索引结果就高达3153次。

积极心理学思潮始于20世纪90年代末，同传统心理学研究的消极取向相比，积极心理学研究的焦点落在人类积极的优点与美德上。积极心理学试图采取更加开放的态度看待人类的潜力、动机和能力②。随着心理学研究范式的转变，职业健康心理学的研究前景，则体现在致力于保护和提升从业者心理健康的积极研究取向上，并重点关注如何通过工作场所中最理想的运作机制，使得工作环境与从业者的积极组织公民行为相互作用，并保证从业者能够充分开发积极的心理品质，以自如应对组织中的危险因素。相应地，在具体的研究内容上，研究者们不再仅仅拘泥于工作对员工产生不良影响的工作倦怠，也开始了工作投入等健康组织公民行为的研究。正如Bakker，Schaufeli，Leiter和Taris等学者所言，“作为职业健康心理学研究的重要命题，工作投入研究为未来积极职业健康心理学研究开辟了一条光明大道”③。

---

① Diener E，Suh E，Lucas R E，et al. Subjective well－being：Three decades of progress［J］. Psychological Bulletin，1999，125：276－302.

② Sheldon K M，King L. Why positive psychology is necessary［J］. American Psychologist，2001，56：216－217.

③ Bakker A B，Schaufeli W B，Leiter M P，et al. Work engagement：An emerging concept in occupational health psychology［J］. Work & Stress，2008，22：187－200.

通过对现有文献的整理，可以发现有两条研究线索，促进了工作倦怠的积极心理学转向，推动了研究者在已有研究成果的基础上，对工作倦怠和工作投入展开了多元化综合分析，并进行消极与积极交替的多维度测量，形成工作倦怠和工作投入互补的整合式研究内容。

其一，工作倦怠研究先行者美国社会心理学家 Maslach 多年来一直致力于对工作倦怠的理论与实证研究，她于 1997 年修订了对工作倦怠的界定，指出工作倦怠是对从业者工作投入的侵蚀。她于 2001 年在《心理学年鉴》上发表文章，对工作倦怠研究进行了系统化回顾，认为工作投入主要表现为活力、参与和效能感，是工作倦怠的对立面；工作倦怠与工作投入是同一连续体的两端；并建议用工作倦怠问卷的反向计分，对工作投入加以测量①。

其二，职业健康心理学研究领域的杰出代表荷兰职业健康心理学家 Schaufeli，大胆地将工作投入作为一个全新的心理学概念加以界定，使得工作投入成为活力、奉献和专注的合成体，被学界广泛接受。Schaufeli 带领他的学术团队，针对工作倦怠与工作投入进行了一系列颇有意义的研究，并于 2001 年通过实验研究证实：耗尽和活力代表着一种“能力调动”的过程，讥消和奉献代表着一种“工作认同”的过程。其中，工作倦怠以低水平的能力调动和较差的工作认同感为主要特征，而工作投入则以高水平的能力调动和较强的工作认同感为

① Maslach C, Schaufeli W B, Leiter M P. Job Burnout [J]. Annual Review of Psychology, 2001, 52: 379 - 422.

主要特征①。具体如图1－1－1所示：

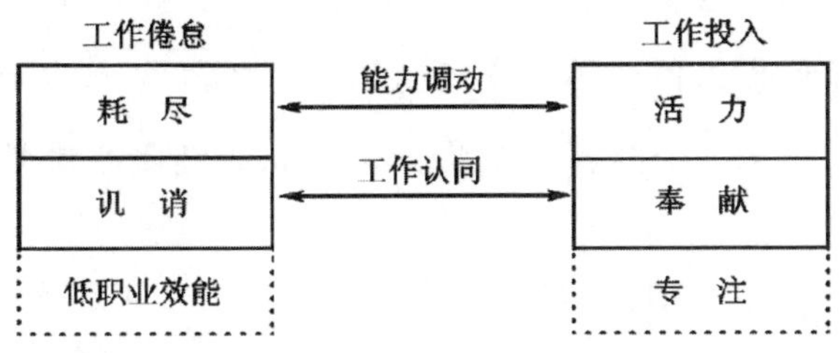

图1－1－1　工作倦怠与工作投入的关系图

工作投入的研究是对工作倦怠的延续，这种拓展无疑受到了积极心理学的理论启示。但是随着研究的深入，工作倦怠和工作投入的关系问题成为研究中争议较多的问题。究竟工作倦怠和工作投入是同一连续体上的两极，还是独立的两种心理状态？总结以往研究，可以认为，工作倦怠和工作投入代表了从业者消极心理和积极心理的两个方面，是消极与积极互补的两种工作态度，并非同一线型连续体上的两极。

工作倦怠和工作投入是长期的、慢性的、复杂的心理过程，其研究内容不仅仅是对从业者消极行为的发现、监控和干预，也是对从业者积极心理的发掘、培养和促进。当个体表现出枯竭、讥消和低效能感的时候，其身心损害已经达到了极致。所以说，对工作倦怠的研究应该防微杜渐，在关注倦怠的同时，不忘从积极心理学的角度关注对工作倦怠的拓展性研究——工作投入。将工作投入作为工作倦怠的一个积极的相反

① Schaufeli W B, Bakker A B. Work and well－being: Towards a positive approach in Occupational Health Psychology [J]. Gedrag & Organisatie, 2001, 14: 229－253.

心理状态来加以研究，通过提升对工作的投入程度来使人们远离工作倦怠，这是积极心理学研究思维对研究内容的一种理论启示。工作投入使个体对于所从事职业能够做出肯定性的评价，它可以从一个全新的视角，诠释职业健康心理学的研究取向。

2 基于职业健康心理学相关理论的思考

职业健康心理学的研究，反映在具体的理论探索中，以荷兰职业心理学家 Demerouti 的工作要求—资源模型最为突出。工作要求—资源模型的核心假设，是每种工作都有其特定的影响因素，无论从事何种工作，不管这些工作具体的影响因素是什么，都可以归为两类：工作要求和工作资源①。所谓工作要求，是指存在于工作情境中，反映从业者所从事的工作任务量和困难程度的因素，如工作负荷、时间紧张、角色冲突等。通常要求从业者持续性的体力和心理上的付出，因此常伴随着一定的身心代价。虽然工作要求可以作为衡量工作挑战性的尺度，但是在为维持期望绩效而不得不付出高度努力的情况下，工作要求则会变成一种压力，从而引发从业者对工作的负性反应，其中就包括工作倦怠。所谓工作资源，是指实现工作目标所需要的因素，主要包括两方面内容：内部资源和外部资源。内部资源是个体稳定的特质，如认知模式和行为特征。外部资

① Demerouti E, Bakker A B, Nachreiner F, et al. The Job Demands - Resources Model of burnout [J]. Journal of Applied Psychology, 2001, 86: 499 - 512.

源主要表现为组织资源和社会资源，组织资源包括工作控制点、工作胜任特征、决策参与性、任务多样性等；社会资源指同事、伴侣和家庭的支持。工作资源受限时，往往使个体的身心资源耗竭，产生工作倦怠。相反，工作资源的满足，通常会降低工作要求以及随之而付出的身心代价，对实现工作目标起促进作用，并推动个人学习、成长和发展。因此，工作资源不仅对满足工作要求、完成既定任务而言是必要的，而且还会对从业者的身心健康产生正面影响，促使工作投入的产生。根据工作要求—资源模型，工作要求和工作资源可能唤起两种相关却不同的过程——活力耗费过程和动机培养过程。活力耗费过程，是指工作要求逐渐消耗从业者的心理物理资源，因此导致工作倦怠，进而有损身体健康。动机培养过程，是指工作资源不断地助长从业者的组织承诺，随之而来的则是工作投入。可见，工作要求—资源模型为工作倦怠和工作投入的研究，提供了非常有价值的理论框架。

工作要求—资源模型是工作倦怠和工作投入研究领域的开拓性理论。以往对该理论的验证研究，多局限于服务性行业，忽视了新兴组织形式下，尤其是经济转型背景下新生代企业员工职业心理健康对环境特征的特殊要求，例如在新生代企业员工个体因素、家庭因素、工作特征影响工作倦怠和工作投入的生成过程方面，就缺乏全面系统的实证研究。

在职业健康心理学研究中，最为切实可行的研究理念，在于对影响从业者职业心理健康的各种因素，既要细致划分，又要通盘考虑。从业者的工作倦怠和工作投入，一直是职业健康心理学研究中的重要命题，深受职业健康心理学研究理念的影响。在具体研究中，则表现为既要微观地从个体、家庭和工作环境去挖掘新生代企业员工职业心理健康的影响因素，又要从环境共生的角度探讨宏观视角下新生代企业员工职业心理健康的生成模型。

首先，员工是组织最有价值的资产。职业健康心理学指出，既应当在心理健康方面关注从业者的幸福，又应当从个体差异方面关注从业者的特质。以往有关工作倦怠和工作投入的研究，多将员工的职业心理健康问题归因于外在因素，简单地将员工看作被动的压力接受者，或是将其人格当作应激源与压力反应之间的调节变量。因而在很长时期内，研究者们忽视了个体特质所具有的影响力。事实上，中国新生代企业员工所具有的自我实现意识强、热衷挑战、急于求成、习惯自我管理、反对他人干涉等特点，很有可能成为其在工作中面对工作压力时产生工作倦怠和工作投入分化的原因。例如，员工在 A 型人格和 B 型人格上的差异，代表着个体忍受压力的能力。Hallberg 等学者就曾根据 A 型人格的不同表现，对信息通信工作人员的工作倦怠和工作投入进行测定①。此外，耐久力、韧性、自我效能、控制力和组织自尊、消极情感等个体特质，都同工作倦怠和工作投入有着密切的联系，其中人格差异影响最显著。

其次，随着时代的发展和社会的变迁，工作与家庭正渐趋呈现后现代化的趋势。20 世纪女权解放、社会建构和多元文

---

① Hallberg U, Johansson G, Schaufeli W B. Type A behaviour and work situation: Associations with burnout and work engagement [J]. Scandinavian Journal of Psychology, 2007, 48: 135 - 142.

化这三大运动改变了新生代企业员工对于婚姻、家庭的总体认识，这些运动也重塑了职业健康心理学的研究领域，进而也丰富了工作倦怠和工作投入的研究内容。一方面，随着工作要求的不断提高和社会关系的复杂多变，家庭成员工作的日渐繁忙，会使家庭成员较为分散，缺乏共处的时间，从而造成工作侵占家庭生活空间；另一方面，结婚、生子、购房这已成为生存路上的“三座大山”，使新生代企业员工不得不面对高负荷的家庭要求，这种要求转而又侵蚀了部分工作时间。新生代企业员工在社会赋予的生活、变化和应激中经历着种种社会生活事件，在角色的转换过程中不断进行调试。如果调试失败，则很容易造成工作与家庭之间的两难处境，这种两难处境又进一步加深了新生代企业员工工作—家庭冲突，工作—家庭冲突愈演愈烈，必定以新生代企业员工的习得性无助为结局，具体表现即是工作倦怠；如果调试成功，则会带给新生代企业员工自我实现的满足感，这种满足感又进一步表现为事业与家庭的和谐共进，因此工作投入则以一种积极的状态得以展现。

再次，工作环境是与职业心理健康联系最为紧密的一环，直接影响到新生代企业员工的工作倦怠与工作投入。但是随着社会经济的变迁、生产技术的变革、社会文化的多元化以及人口的老龄化等问题的出现，原有的工作环境正在发生巨大的变化。为此，美国国家职业安全与健康研究院（National Institute for Occupational Safety and Health，NIOSH）鉴定了未来影响职业心理健康的几种工作环境特征，包括工作不稳定性、工作时间、工作自主权、管理方式等①。这种处于变迁状态下的工作环境，对中国新生代企业员工的工作倦怠和工作投入会产生怎样的影响，同样是一个值得探讨的问题。

综上，既可以从微观角度出发，分别对个体特质、外部环境、工作环境下的新生代企业员工工作倦怠与工作投入的具体表现，加以较为细致的实证研究；又可以从宏观角度出发，对个体特质、外部环境、工作环境共同作用下的新生代企业员工工作倦怠和工作投入的共生过程加以整合式研究。所谓共生，是指一个事物的形成、变化和发展与其所处社会、环境以及他事物的成长是一体化的共生过程。这种宏观角度的整合式研究，正是后现代心理学所提倡的共生研究理念带给职业健康心理学的理论启示。

3 基于职业健康心理学社会实践的思考

职业健康心理学的科学研究，不仅要对从业者职业心理健康的生成模式做出解释，还要深入挖掘从业者职业心理健康的影响机制，藉以探讨如何通过合理的控制与干预，来提高从业者的职业健康、安全和幸福。如果不将职业健康心理学的研究放到社会与组织背景下加以实践检验，研究则无意义可言。

职业健康心理学出现之前的几十年里，职业安全与健康专家主要致力于传统的工作相关危险因素研究，如人身危险、生

① Sparks K, Faragher B, Cooper C L. Well – being and occupational health in the 21st century workplace [J]. Journal of Occupational and Organizational Psychology, 2001, 74: 489 – 509.

化危险和辐射危险等。直到20世纪末，工作场所发生了巨大变化，许多职业安全与健康风险表现出新的形式且持续增加，其中表现最为明显的是社会心理风险。根据国际劳工组织的定义，社会心理风险（psychosocial hazards）是指组织管理、工作内容等与从业者的需求、能力及其他个体特征之间的失衡，这种失衡会对从业者的认知与工作行为造成负面影响，进而危害从业者的身心健康①。研究表明，社会心理风险广泛存在于工作情境中，会对从业者身心健康造成潜在威胁与伤害②。如何规避社会心理风险，提升从业者的职业心理健康水平，成为职业健康心理学实践过程中面临的瓶颈性问题。

在传统的健康干预领域中主要有两派思想：群体基础上的干预和个体水平的干预。一些学者认为，个体水平的干预因为过于单一而不能解决综合性问题；另一些学者则认为，群体基础上的干预是对稀缺资源的浪费。这两派形成了所谓的预防悖论③。预防与公共卫生领域的预防→控制→治疗的三级立体干预系统，为上述争论提供了整合框架，具体如图1－1－2所示：

---

① International Labor Office. Psychosocial factors at work: Recognition and control [R]. Occupational Safety and Health Series, 1986, (56). International Labor Office, Geneva.

② Cox T, Griffiths A, Leka S. Work organization and work－related stress [M]. In Gardiner K, Harrington J M (Eds.), Occupational hygiene, Third Edition. Oxford: Blackwell Publishing, 2005. 421－423.

③ Rose G. The strategy of preventive medicine [M]. Oxford: Oxford University Press, 1993.

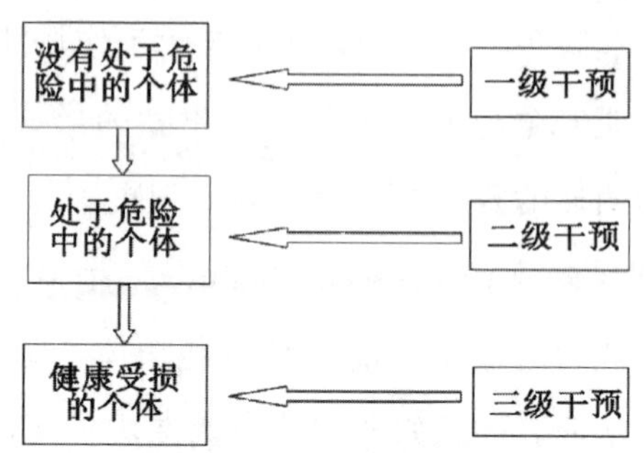

图 1-1-2　预防→控制→治疗的三级立体干预模型

一级干预目标在于预防危险因素的发生，其本质就是群体基础上的干预，针对整个人群或团队进行。二级干预目标在于控制危险扩散，既可以是群体干预，也可以是个体干预。三级干预目标在于治疗健康受损个体，通常的干预方法是个体干预①。

职业心理健康问题不同于公共卫生问题，职业健康心理学的干预实践多集中于一级和二级干预，但上述预防策略为职业健康心理学的社会实践提供了理论基础。一方面，当员工已经表现诸如工作倦怠等有明显症状的心理健康问题时，其负面影响已经达到极致。这对企业而言，直接后果就是造成企业高离职率和低生产率；对个体而言，轻则致使员工丧失工作主动性和积极性，重则严重损害员工身心健康乃至危及生命。为了防患于未然，将职业健康心理学实践的焦点放在积极的工作设计、知识分享、心理资本等积极方面是必要的。另一方面，单一地将职业心理健康研究框定在心理化的个体层面，忽略组织

① Schmidt L R. A psychological look at public health: Contents and methodology [J]. International Review of Health Psychology, 1994, 3: 3-36.

或团队层面对个体认知和行为的作用，将会降低研究结果的实用性和推广性。从群体动力学的视角，也就是社会心理学的视角，探索新生代企业员工的人群特点、群体成员间的关系、领导成员交换的影响机制，不仅可以完善现有职业健康心理学理论，而且有助于组织和员工采取相应措施，以减轻或消除工作倦怠带来的负面影响。

为进一步明确一级预防理念在新生代企业员工群体职业心理健康社会实践中的应用，本书拟从新生代企业员工核心自我评价、过度教育、群体内情感传染以及工作主动性等几个层面，论证如何才能够更好地提升新生代企业员工工作投入及积极组织行为，避免工作倦怠现象的发生。

首先，从新生代企业员工人群特点看，由于企业注重科技研发能力、科技成果转化和自主知识产权，使得其对员工学历水平有着较高要求，高学历已经成为新生代企业员工的一个显著特征。然而逐年增加的高学历员工，在某种程度上已经超出了劳动力市场的吸纳能力，从而产生了过度教育问题。Johnson 提出的相对剥夺理论认为，相对剥夺感是一种很矛盾的心理状态，人们在评估自身价值时，往往与自己地位相近的人或群体作比较，并通过比较，产生两种截然不同的心理感受，一种是积极向上的进取心，另一种是消极悲观的失落感，即相对剥夺感①。新生代企业员工对工作环境的反应，受到他们的自我评估以及和比较对象多方面对比结果的影响，当个体从事低

① Johnson G J, Johnson W R. Perceived over qualification and psychological well - being[J]. Journal of Social Psychology, 1996, 136 (4): 435 - 445.

于其资质的工作时，通过与那些学历低于他们的同事相比，他们会感觉自己对工作的预期没有得到满足，比如技能得不到充分发挥、薪酬较低以及有限的社会人际关系等，进而就会产生相对剥夺感。如何预防过度教育带来的相对剥夺感，激发新生代企业员工的工作激情，提升其工作投入水平，是职业健康心理学在实践领域的重要应用之一。

其次，从团队内部人际关系来看，随着组织结构越来越多地以团队形式展开，员工与员工之间的情感联结以及领导与员工之间的情感交换，越发频繁复杂。工作倦怠作为工作中的负面情绪和人际压力的延迟反映，无论对企业或是员工个人都具有巨大的“杀伤力”，且在群体中具有感染效应。企业的利润是从技术、质量和管理中来，如何通过构建积极的情感氛围，为员工营造更为合理的工作心理环境和广阔的职业发展空间，显得尤为重要。虽然情感传染理论能够解释人与人之间情感传递的外显过程，但如何突破传统的简单情感传染框架，揭示团队积极情感基调涟漪效应和领导力下行传递效应作用下的新生代企业员工工作投入形成机制，将会为情感传染理论融入心理认知提供新证据。

再次，从组织工作设计来看，任何个体在工作中都具有一定的主动性，然而在组织行为学领域，过去人们很少关注个体如何主动进行工作设计，认为员工只能严格执行工作任务或完成特定的工作角色。自 Wrzesniewski 和 Dutton 提出“工作重塑”的概念后，从员工个人角度进行自下而上的工作设计迅速引起了学者们的重视和关注①。按照工作要求—资源模型，工作重塑是个体努力促使工作资源与工作要求保持平衡的一种主动性行为，其结果不仅有助于形成个人对工作意义的认识，而且这一过程重视工作各要素间的相互联系，能够带来积极的工作结果。国外的研究表明，工作重塑能够对工作投入产生积极影响，并且有研究证实了工作重塑是一种有效的干预手段②。相比国外，中国对工作重塑的认识和研究还非常有限，新生代企业员工的工作重塑情况如何，以及工作重塑能否有效提升他们的组织公民行为，都是需要探索的实际应用价值很高的关键问题。

① Wrzesniewski A，Dutton J E. Crafting a job：Revisioning employees as active crafters of their work [J]. Academy of Management Review，2001，26（2）：179 - 201.

② Tims M，Bakker A B. Job crafting：Towards a new model of individual job redesign [J]. South African Journal of Industrial Psychology，2010，36：1 - 9.

二、职业健康心理学的功能启示

1 职业健康心理学的理论价值

从 Stern 最先将心理学知识运用于工业企业管理，并提出“心理技术学”；Münsterberg 开发心理测验方法，并致力于企业生产效率的提高；再到 Mayo“霍桑试验”人群关系理论的提出；以及 Lewin 群体动力理论的创建；Moreno 社会测量学的发展；Maslow 需要层次理论的运用①，可以看出，心理学家不仅关注工作效率的提高，也开始关注从业者的心理健康。

职业健康心理学的新进展，带动了人力资源管理研究的深入。人力资源管理的完善，又迫切地需要职业健康心理学的指导。传统的强调管束以及命令的组织结构向现代的崇尚授权和个人成长的组织结构的转化，使人力资源管理与职业健康心理学的交融成为可能。为了在不断变化的环境中求得生存与发展，企业需要心理健康而又有积极性的员工，防止员工因为积极性受损而产生工作倦怠。要想达到这种目的，需将人力资源管理与职业健康心理学相整合。工作倦怠和工作投入研究恰恰满足了企业在由传统性经营向现代化管理的转变过程中对心理

① 苏东水．管理心理学[M]．第四版．上海：复旦大学出版社，2011.

学知识的需要，如同一座桥梁将职业健康心理学与人力资源管理两个领域连接在一起。工作倦怠的研究，丰富了组织行为学的研究内容，关注从业者在工作过程中可能出现的健康问题，提倡培养积极情绪，减少工作倦怠带来的身心损失；工作投入的提出，响应了积极心理学的号召，把研究聚焦在从业者积极的健康体验，尤其关注从业者在工作过程中能否“人尽其才”，能否充分发挥主观能动性，从而体会到工作带来的乐趣。从本质上看，企业的发展越来越依赖于心理学知识与经验，工作倦怠和工作投入研究推动了企业管理的“心理学化”进程。

在了解工作倦怠和工作投入研究状况的基础上，对工作倦怠和工作投入进行整合性研究，并将认知、情感和团队等因素引入职业健康心理学研究体系。从对工作倦怠和工作投入自身的研究来讲，促使工作倦怠和工作投入研究本土化，并朝着积极与消极互补的取向发展；从对心理学学科总体的研究来讲，充实了职业健康心理学、管理心理学以及组织行为学的研究内容和学科体系。

2 职业健康心理学的实践指导

新生代企业员工职业心理健康研究，既具有科学性又具有社会性。从实践角度看，这种双重性使新生代企业员工职业心理健康研究不仅成为学术研究领域的课题，同样也成为探讨社会政治、经济、文化的现实话题。新生代企业员工是企业最宝贵的人力资源，探寻其职业心理健康状况的生成过程和影响机制，是在科学的内部动力和社会的外部发展相互交叉的作用下形成的。这种推动力注定了新生代企业员工职业心理健康研究具有以科学研究为基础的实践价值。

首先，新生代企业员工职业心理健康研究致力于新生代企业员工工作倦怠的预防和工作投入的提升，以此改善员工的职业健康状况，最终达到使员工成为“幸福从业者”的目的。无疑，消极的心理和工作状态会增加从业者的心理负担，容易产生不良情绪和态度。相反，积极的心理和工作状态可以增加从业者的心理资源，对保持和促进心理健康有着重大的意义。在面对压力时，有些新生代企业员工会被压力压倒，还有些员工则坚定地相信努力工作的结果会更好。工作倦怠作为职业健康心理学的概念被介绍和研究，强调从业者在工作面前表现的无力、绝望和否定，这种压力使从业者在不良情绪的作用下彻底崩溃，造成实质性的身心健康损害；工作投入同样从心理健康的角度，强调从业者在工作中的良好表现，任务被迅速完成，又使从业者产生和谐感，同时还具备高峰体验。鉴于工作倦怠和工作投入同心理健康之间的紧密联系，对其产生、发展过程加以监控，有利于在职业健康指导中，因人施教、区别对待，避免新生代企业员工在工作过程中受到心理健康损害。

其次，科学管理要求现代化企业制度下的人力资源管理发挥出应有的魅力，现代企业管理重视人力资源的管理，力求打造积极、创新、合作、负责的高绩效员工。正如 1997 年Ulrich 在《人力资源最佳实务》一书中所写，“员工的贡献是至关重要的问题，为了以最少的投入换得最多的产出，除了尽力激活员工全身心的工作投入，组织别无选择”①。除了做好本职工作，企业对新生代员工的期盼在于“多做贡献”。显而易见，为了达到这个目标，仅仅拥有传统意义上的“健康的”劳动力或是不受压力困扰、不因为生病而缺席的从业者是远远不够的。无疑，“多做贡献”对于那些已经产生工作倦怠的员工来说遥不可及，对于那些尚未产生工作倦怠但已是强弩之末的员工来说也是奢求，而工作投入者在工作中发挥了最适合的作用，满足了企业对从业者的这一要求。为此，从中国国情出发，兼顾企业的文化特点，研究中国文化背景下组织公民行为的构成，最大限度地调动新生代企业员工工作价值的充分发挥，从而提高工作绩效，增强企业竞争力，促进国民经济发展。

① Ulrich D. Human resource champions [M]. Boston: Harvard Business Press, 1996.

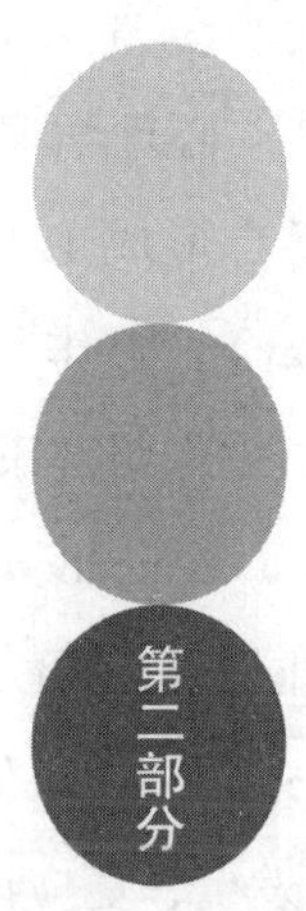

职业心理健康的理论研究

一、职业健康心理学概述

19 世纪工业革命以来，心理学家们一直致力于心理学在工作场所中的应用，已逐步形成工业组织心理学（industrial and organizational psychology）、工作与组织心理学（work and organizational psychology）、工作与健康心理学（work and health psychology）、职业心理学（occupational psychology）等稳定的研究领域与方向，并从不同视角阐释工作和从业者之间千丝万缕的关系。在漫长的探索过程中，人们逐渐意识到不仅应该预防工作中的疾病与事故的发生，更应该关注从业者的健康与幸福的提升，从而打造健康工作人群，构建健康工作组织。在此种背景下，职业健康心理学（Occupational Health Psychology）一经提出，便引起了研究者的广泛关注。美国心理学会（American Psychological Association，APA）和国家职业安全与健康研究院（National Institute for Occupational Safety and Health，NIOSH）已经启动专门项目以支持职业健康心理学领域的正规发展。在中国，职业健康心理学的研究也已经引起了研究者的高度重视。

1 职业健康心理学的起源

针对心理学如何在构建健康的工作环境中发挥潜在作用，

美国夏威夷大学学者 Ramond 等所在学术团队于 1990 年在《美国心理学家》上发表了一篇题为 *Psychology training in work and health* 的学术论文，最先提出了“职业健康心理学”这一术语，从形式上标志着职业健康心理学的诞生①。随后二十多年的时间里，职业健康心理学在美国心理学会等多方机构的合作努力下，成为一门正式学科，并在西方，尤其是欧美国家如雨后春笋般迅速发展。职业健康心理学两大核心刊物《职业健康心理学杂志》和《工作与压力》的投稿量日益增加，职业健康心理学理论与实践方面的出版物销量持续上涨，并且在应用心理学领域内影响力不断扩大；参加职业健康心理学相关国际会议的学者、教师、学生以及实践者人数持续增长；职业健康心理学相关专业的毕业生就业机会激增。

2 职业健康心理学的概念界定

职业健康心理学是应用心理学研究领域内比较年轻的一门学科。同其他年轻的学科一样，在职业健康心理学发展的初级阶段，不同学术背景的研究者对职业健康心理学的研究范畴和研究任务等问题各持一端、众说纷纭，这就给职业健康心理学相关概念的界定带来一定影响。从长远角度看，这种分歧会对该学科未来的可持续发展带来负面影响。为使研究者形成统一的研究范式，促进学科间的交流与对话，界定职业健康心理学

---

① Raymond J, Wood D, Patrick W. Psychology training in work and health [J]. American Psychologist, 1990, 45: 1159 - 1161.

的研究范畴和研究任务就成为当务之急。作为职业健康心理学两大核心研究地区的欧洲和北美，虽然有着各自不同的学术传统，但却正努力使对职业健康心理学学科性质的认识逐渐趋于稳定和深化。

欧洲职业健康心理学学会（European Academy of Occupational Health Psychology，EAOHP）对职业健康心理学的界定是：心理学在职业健康领域的应用①。具体而言，是指健康心理学、工作与组织心理学、社会与环境心理学在职业健康领域的应用（详见图2－1－1）。此种界定从心理、社会和组织层面关注职业健康问题，认为职业健康心理学是心理学各分支学科共同研究的领域，强调心理学的主导地位。

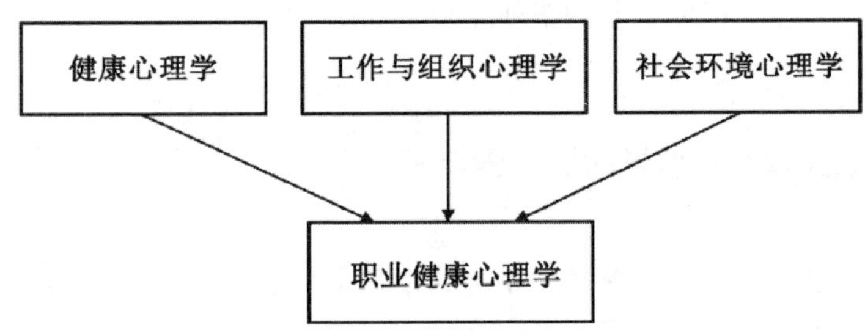

图2－1－1　欧洲职业健康心理学学科基础

美国职业健康心理学会（Society for Occupational Health Psychology，SOHP）对职业健康心理学的定义是：以改善工作生活质量、提升各行业员工工作安全、健康和幸福感为目标的心理学和职业科学的交叉学科。具体而言，职业健康心理学是

① Cox T，Baldursson E，Rial－González E. Occupational health psychology［J］. Work & Stress，2000，14：101－104.

以行为科学和职业健康科学为基础的，囊括心理学、公共卫生、组织科学、人因工程等相关学科的知识与方法。（详见图2－1－2）。此种界定不仅强调心理学的应用，同时也包含其他学科，如职业与环境健康、组织行为学、人因工程、社会学、工业工程学、工效学和经济学等学科的联合应用①②。

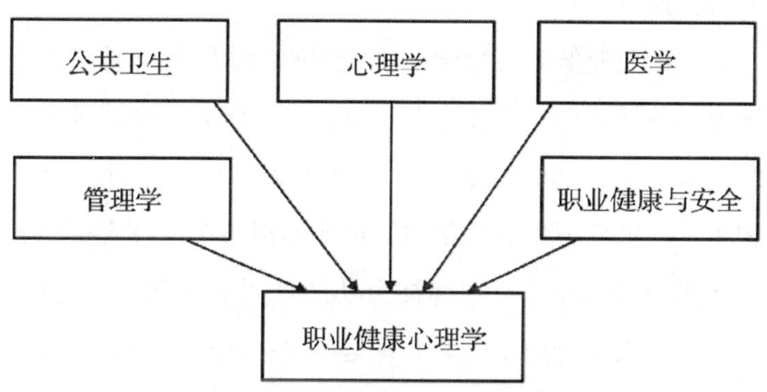

图2－1－2　北美职业健康心理学学科基础

为了构建健康的工作场所（healthy workplaces），使员工的才能和智慧得以充分发挥，最终实现从业者的高绩效、高满意感、高幸福感，促进职业健康心理学学科的长足发展，欧美职业健康心理学家在如下几个方面达成共识③：（1）职业健康心理学是一门应用科学；（2）研究方法受证据驱动；（3）研

① Adkins J A. Promoting organizational health：The evolving practice of occupational health psychology［J］. Professional Psychology：Research and Practice，1999，30：129－137.

② Chen P Y，Huang Y H，DeArmond S. Occupational health psychology：Opportunities and challenges for psychologists in the 21st century［J］. Research in Applied Psychology，2005，27：43－56.

③ Quick J C，Camara W J，Hurrell J，et al. Introduction and historical overview［J］. Journal of Occupational Health Psychology，1997，2：3－6.

究过程以解决问题为导向；（4）需要多学科或跨学科联合参与；（5）需要从业者的现实参与；（6）研究目标是将理论研究应用于现实干预；（7）所有的职业健康心理学研究都在现有法律框架下进行。

虽然职业健康心理学的概念比较复杂，但是有四点需要加以澄清和强调：

第一，职业健康心理学中所使用的健康的概念是一个积极的概念，包括社会和个体资源，以及身体能力。这同世界卫生组织（World Health Organization，WHO）1948 年对健康的描述相吻合。世界卫生组织指出：健康不但指个体没有疾病，同时还指代个体生理、心理和社会功能处于积极状态。类似地，职业健康心理学运用了职业心理健康这一比较宽泛的概念，指代个体的积极的情感状态，以及个体在认知、动机和行为方面的健康。

第二，职业健康心理学不但关注组织内成员的职业心理健康，同时也关注诸如失业人群、工作家庭冲突等问题。换句话说，职业健康心理学走出了严格限制的组织层面，同时涵盖了非工作群体的健康问题以及工作与生活层面的相互影响等命题。

第三，职业健康心理学考察了四个完全不同却又紧密联系的层面：（1）个体层面；（2）工作环境层面；（3）组织环境层面；（4）外部环境层面。举例来说，员工因生病导致的缺席可能受到个体因素（如个体症状、应对方式），工作因素（如工作超负荷、缺少控制感），组织因素（如角色冲突、不公平感），外部因素（生活事件、家庭压力）等方面的影响。

第四，职业健康心理学既是科学学科，也是应用领域。也就是说，职业健康心理学努力探寻心理过程背后真相的同时，致力于改善从业群体的职业健康、安全，提升其幸福感。这就使职业健康心理学成为科学与社会共同关注的话题，也就意味着职业健康心理学的未来发展，必然受到科学内部动力和社会外部发展的共同推动。

通过以上对职业健康心理学定义的梳理，可以得出结论：职业健康心理学的目标是发现从业者产生职业健康和安全问题的原因，并提出可行的应对措施；是心理学在改善个体工作质量，保护和促进从业者健康、安全和工作幸福感等方面的应用。其中的“保护”主要是指在工作环境中尽量避免从业者暴露在工作场所的危险境地，“促进”主要是训练工作者掌握知识和资源，来提高他们自身的健康水平以及抵抗工作环境危害的能力。

3 职业健康心理学的研究主题

除了对工作压力传统意义上的关注，职业健康心理学作为一个新兴学科涵盖了众多的研究内容。对于职业健康心理学的研究主题，虽然并没有形成统一的意见，但通过对职业健康心理学学术杂志刊登的研究选题进行分析，以及对职业健康心理学专家的意见调查，可以全面客观地呈现职业健康心理学的研究主题。

在科研方面，职业健康心理学核心杂志上刊登的学术论文为职业健康心理学研究主题的确立提供了一定的参考，同时也为职业健康心理学相关教育培训课程的设立提供了范本。2003年，Inness 和 Barling 对发表在《职业健康心理学杂志》上的191项研究的统计分析发现：工作压力是最为流行的研究命题（占论文总数的24%），针对工作场所负向体验（例如，性骚扰、工作不安全感、疲惫倦怠、角色冲突等）所带来的后果进行的研究次之（占论文总数的13%），这两大类研究主题占据了全部论文总数的三分之一。其他占论文总数的5%以上的研究命题，主要包括：个体差异性（人格特质、幸福感、个人控制）、工作家庭交互（工作家庭冲突、老幼照管、双职工夫妇）、人口学特征（性别、种族、任期）、社会心理环境（社会支持、领导支持、交流）和工作特征（工作类型/行业、工作设计、组织文化、培训）①。其中，大多数论文是以问题为导向的，只有相对少数论文明确指出健康工作场所究竟该如何创建。

2007年，Macik－Frey，Quick 和 Nelson 整理了《职业健康心理学杂志》自1996年创刊以来所发表的学术论文选题，归纳出七大主题，分别是：工作压力、倦怠、工作—家庭问题、侵犯暴力与骚扰、安全、雇佣问题、健康问题。其中积极心理学、虚拟工作、情绪与情感、干预四类命题被列为未来职业健康心理学研究的热点问题②。

---

① Innes M，Barling J. Putting health back into occupational health psychology［C］. Paper presented at the British Psychological Society Occupational Psychology Conference，Bournemouth，UK，2003，January.

② Macik－Frey M，Quick J，Nelson D. Advances in occupational health：From a stressful beginning to a positive future［J］. Journal of Management，2007，33：809－840.

2008年，Kang，Staniford，Dollard和Kompier分析了《职业健康心理学杂志》和《工作与压力》这两种职业健康心理学旗舰刊物自1996年至2006年间刊登的631篇文章，结果发现：多数研究主要集中于工作因素（如工作负荷）、个体因素（如工作动机）以及工作和个体因素的结合，只有少数研究关注存在于外部的组织因素（如政策制定、工作场所相关立法以及全球化的影响）。Kang等学者进一步呼吁未来职业健康心理学应更多关注工作场所健康保护与提升的干预研究①。

上述分析罗列了研究者们普遍关注的研究主题，这些主题或是引起了研究者的兴趣，或是自身具有研究价值。但是，这些研究主题之所以使得不同的研究者，在不同的时间段，穿越了不同的社会、文化和经济背景，对其关注有加，还有着更深层次的原因，那就是该类选题更具学术视野，更易出版发行。然而，单从学术视野关注职业健康心理学的研究主题是远远不够的，职业健康心理学的应用性质决定了其更应回归基础研究，更应关注实践者们在实际操作过程中所遇到的现实问题。

在实践方面，为确保教育与培训项目满足职业健康心理学在组织中的现实应用，欧美职业健康心理学研究者们力争从实践者的视角确立职业健康心理学的研究主题，并为此做出了许多努力。

---

① Kang S Y，Staniford A K，Dollard M F，et al. Knowledge development and content in occupational health psychology：A systematic analysis of the Journal of Occupational Health Psychology and Work & Stress，1996 –2006［M］. In Houdmont J，Leka S（Eds.），Occupational health psychology：European perspectives on research，education and practice，Nottingham：Nottingham University Press，2008. 27 –62.

2002 年，美国 Tetrick 和 Ellis 以 141 名人力资源经理和 27 名工会代表为对象，调查他们所在单位对 31 种职业健康心理学主题的关注程度。结果表明，人力资源经理最关注的 10 个主题是：事故、出席率、技术变革、教育和培训、雇员承诺、身体健康、心理健康、安全、团队合作和工作场所伤害；而工会代表则更加关注与员工息息相关的主题，如工作安全感、工作压力、退休和工作负荷等①。

2008 年，英国的 Leka，Khan 和 Griffiths 从实践者的视角进行了类似研究。为了确定现存的和未来可能出现的工作场所健康问题，以及分析职业安全与健康实践者在现实培训中的具体需求，研究一方面采用德尔菲法对 30 名权威职业安全与健康专家征询意见，同时，采用问卷法对 1679 名职业安全与健康实践者进行调查。德尔菲法结果显示，专家最关注的工作场所健康问题，包括：一般心理健康问题（焦虑、抑郁和压力），因病缺席（监督、管理、重返工作岗位、复原和出勤），骨骼肌肉疾病等。问卷法结果表明，实践者最关注的工作场所健康问题包括：一般心理健康问题、工作压力管理的政府引导、现存危机识别等②。

2010 年，Houdmont，Leka 和 Bulger 通过对两次职业健康

① Tetrick L, Ellis B. Developing an OHP curriculum that addresses the needs of organizations and labor unions in the USA [M]. In Weikert C, Torkelson E, Pryce J (Eds.), Occupational health psychology: Empowerment, participation and health at work. Nottingham: IWHO Publications, 2002. 158 – 161.

② Leka S, Khan S, Griffiths A. Exploring health and safety practitioners' training needs in workplace health issues [M]. Wigston, UK: Institution of Occupational Safety and Health, 2008.

心理学国际会议上获取的调查数据进行分析，指出了欧洲和北美职业健康心理学专家共同关注的五个职业健康学研究热点和焦点问题：对健康提升的干预、组织研究方法、工作场所社会心理环境设计、压力理论、压力干预①。

4 职业健康心理学的发展

职业健康心理学诞生之前，职业健康专家对工作场所中存在的物理、生理和生化危险因素进行了积极管理。然而，随着压力问题所带来的商业成本的增大，社会心理因素对工作健康问题的持续影响，以及工作组织中出现巨大变化引发的职业健康和安全问题，人们普遍认识到从心理学角度研究职业健康问题的重要性，这为职业健康心理学的发展奠定了基础。

4.1 欧洲职业健康心理学的发展

在英国，第一次世界大战刺激了职业心理健康研究的发展。军需工厂开始关注工人疲惫、生产时间，以及其他影响工人身体健康和生产效率的因素。相应地，为了减少工人因健康问题所产生的缺席与误工，降低酒精成瘾发生率，提高劳动产出及生产效率，工作场所干预方法大量涌现，其中包括就餐环境的改善、弹性工作时间制的实施、工作场所托管设施的设立等，这些相继成为后续的职业健康心理学研究的雏形。第一次

---

① Houdmont J, Leka S, Bulger C. The definition of curriculum areas in occupational health psychology [N] . European Academy of Occupational Health Psychology Newsletter, 2010, 7: 3 – 5 (February) .

世界大战后，英国工业健康研究委员会进行了系列研究，研究主题包括长时间工作、缺席、照明和噪音以及重复工作对劳动生产率的影响。与此同时，工会也联合学术团体一同致力于工人健康状况的改善以及组织生产率的提高，提出了“健康就是财富”的口号，并最早对全国的工作环境进行调查。这些都对职业健康心理学产生了深远影响。

第二次世界大战后，对社会心理危机进行管理，成为职业健康心理学研究所面临的新挑战。这极大刺激了英国职业健康心理学的发展，并由此在大学内形成了职业健康心理学几大优秀研究阵营，其中包括了诺丁汉大学的工作、健康与组织研究所，谢菲尔德大学的工作心理学研究所，卡迪夫大学职业与健康心理学研究中心等。

20 世纪 70 年代以来，北欧国家社会心理学研究发展步伐加快。其中，瑞士社会心理学家对职业健康心理学的嬗变起到重要作用。在挪威，对工作自主性以及压力的心理生理因素等相关研究也取得了重大进展。

1997 年，以 Tom Cox 为代表的一些学者针对职业健康心理学的相关问题展开系列讨论，并以此为契机，先后在英国诺丁汉大学组建了工作、健康与组织研究所，在丹麦两所大学内设立了职业医学系。1998 年，该职业健康心理学专家群体签署了授权文件，决定建立组织委员会，筹备组建欧洲职业健康心理学会，支持在职业健康领域内，针对心理、社会和组织问题进行科研、教学与实践活动。1999 年，欧洲职业健康心理学会正式成立。在此后的几年里，欧洲职业健康心理学会在职业健康心理学家和相关机构的共同支持下，在整个欧洲全面启动，设立分支机构。

当今的欧洲职业健康心理学会，由来自欧盟不同成员国的会员共同管理，从而使“全欧”的特点在学会的活动中有所体现。欧洲职业健康心理学会最引人注目的学术活动，当属其举办的年会，召开情况如下：瑞士隆德（1999），英国诺丁汉（2000），西班牙巴塞罗那（2001），奥地利维也纳（2002），德国柏林（2003），葡萄牙波尔图（2004），爱尔兰都柏林（2006），西班牙巴伦西亚（2008），意大利罗马（2010），瑞士苏黎世（2012），英国伦敦（2014）。这些会议都取得了成功，参会人数从第一次的不足百名代表到现在翻了几番。与此同时，参会代表的人员组成也发生了变化，起初的会议几乎只有学者参与，如今的会议吸引了许多实践者、学生和职业安全与健康专家参加，他们希望通过参会来更多地了解职业健康心理学这门新兴学科，并在实践中受益。

欧洲职业健康心理学会为鼓励职业健康心理学科研、教育与实践活动的开展，表彰该领域内的杰出代表，还设有三类奖项。第一类是特别会员奖。该奖项用来奖励那些通过长期调研、专业实践以及教育活动，对职业健康心理学做出特殊贡献的人。通过此种方式，欧洲职业健康心理学会充分肯定了杰出个体为推动学科发展所做出的不懈努力。Tetrick、Sauter、Barling、Theorell 和 Schaufeli 等职业健康心理学许多专家曾获奖。第二类是 2006 年起设立的最佳论文奖。鉴于欧洲职业健康心理学会与《工作与压力》的紧密联系，学会每年对刊登在《工作与压力》杂志上的学术论文进行评选，以每篇论文的引用率及下载频数为评选标准，确定年度最佳论文。第三类为纪念欧洲职业健康心理学会第一任副主席 André Büssing 而设立的纪念奖。该奖项用于鼓励职业健康心理学领域表现优秀的青年学者。

4.2 美国职业健康心理学的发展

在北美，一系列事件、人物和开创性研究为2004年美国职业健康心理学会的诞生铺垫了道路，使得作为独立学科的职业健康心理学不断发展壮大，对职业健康管理作出了重要贡献，从而获得了诸如美国心理学会等权威学术机构的认可。

工业心理学的主要创始人，被称为“工业心理学之父”的 Münsterberg（1863~1916），指出心理学家在工业中的作用应该是：发现最适合的人用来从事最适合的工作，并达到最理想的效果①。此外，对当代职业健康心理学的形成起到关键作用的还属 Kahn（1918~ ）。1960年以来，他著作颇丰，其中影响最深远的为《工作与健康》（*Work and Health*，1964）一书，该书最早阐述了工作因素对员工身心健康的影响②。这些学科领军人物的著作引发了美国20世纪60、70年代对工作相关的社会心理问题的大量研究。1965年，Maslow（1908~1970）提出将自我实现理论在工作组织中加以应用，指出只有心理健康的个体才能投入工作，并认为压抑的工作环境会限制个体最大限度地发挥自身才能。1966年，Herzberg（1923~2000）提出工作条件影响工作绩效和员工心理健康，认为员

---

① Münsterberg H. Psychology and industrial efficiency [M]. Boston: Houghton Mifflin, 1913.

② Kahn R L. Work and Health [M]. New York: Wiley, 1964.

工的工作动机和工作满意度能通过工作条件的改善得到提高。双因素理论促使企业管理人员注意到工作内容方面因素的重要性，特别是它们同工作丰富化和工作满足的关系，因此是有积极意义的。数年后，哈佛大学教授 Hackman 和伊利诺依大学教授 Oldham 提出了更加具体的“工作特征模型”，进一步唤起了对工作设计的研究与思考。

美国职业健康心理学的很多重要贡献都源自密歇根大学，其中包括 Quinn 和 Staines 的就业质量调查，以及 House 的有关工作压力和社会支持的研究。“密歇根学派”的个人—环境匹配理论在欧洲也得到了广泛认可，近年来关于失业以及再就业影响因素的研究项目，也有很大的社会影响力。

提及北美职业健康心理学，就不得不说国家职业安全与健康研究所（National Institute for Occupational Safety and Health, NIOSH）所起到的关键作用①。NIOSH 是美国疾病预防控制中心（Center of Disease Control，CDC）的一个下属机构。为了职业健康心理学的长足发展，NIOSH 在以下四个方面做出了巨大贡献：首先，20 世纪 90 年代初，NIOSH 为避免工作环境对员工身心健康造成危害，在全国范围内提出了一系列的战略措施。其次，NIOSH 同美国心理学会合作，启动资助职业健康心理学研究生培训项目，一些美国大学，如鲍林格林州立大学、克莱姆森大学、堪萨斯州立大学、杜兰大学、休斯敦大学和明尼苏达大学都曾接受资助推广该项目。再次，从 1990 年

---

① Sauter S, Murphy L, Hurrell J. Prevention of work - related psychological disorders: A national strategy proposed by the National Institute for Occupational Safety and Health (NIOSH) [J]. American Psychologist, 1990, 45, 1146 - 1158.

起，NIOSH 以“工作、压力和健康”（Work，Stress and Health）为主题组织召开了系列国际会议，并将会议传统延续至今。最重要的是，1996 年 NIOSH 积极参与《职业健康心理学杂志》的创办，为职业健康心理学研究者提供了良好的学术发表和交流平台。

2001 年，南佛罗里达州立大学的 Spector 和 Allen 主办了一场会议，邀请当时北美开设职业健康心理学课程的大学派代表参会，并由此展开了在北美建立职业健康心理学会的讨论。2004 年，美国职业健康心理学会成立。学会履行以下职责：获得并传播职业健康心理学的真实可靠数据；促进并鼓励职业健康心理学的理论与实证研究；推广并支持有关工作场所的心理学研究成果的应用。从一开始，美国职业健康心理学会就同美国心理学会保持密切合作关系。2008 年，美国职业健康心理学会正式成为“工作、压力和健康”系列会议的协办方。该系列会议的召开情况如下：华盛顿特区（1990 年），华盛顿特区（1992 年），华盛顿特区（1995 年），马里兰巴尔的摩（1999 年），加拿大多伦多（2003 年），佛罗里达迈阿密（2006 年），华盛顿特区（2008 年），波多黎各圣胡安（2009 年），佛罗里达奥兰多（2011 年），俄勒冈波特兰（2012 年），佐治亚亚特兰大（2014 年）。

4.3 中国职业健康心理学的发展

伴随着中国的社会变革与经济发展，越来越多的研究者和实践者致力于关注工作场所中的心理健康问题。在过去的十多年间，中国的职业健康心理学得到了长足的发展，大量的理论和实证研究、实践及学术交流，极大丰富了职业健康心理学的研究成果。

2014 年，据中国知网统计，以“职业健康”为关键词的文章共计 8003 篇，以职业健康心理学的从属命题，如工作压力、工作倦怠、情感劳动、员工援助计划（Employee Assistant Programs，EAPs）及工作家庭冲突等为关键词，共检索到约 40000 篇相关文献，这足以说明职业健康心理学在中国已经进入了集中发展阶段。举例来说，以“工作压力”作为文章主题的研究，共计 2570 项，这些文献大多发表于 2005 年之后；以“工作压力”作为关键词的研究，共计 19017 项，而这些文献多发表于 2008 ~2012 年间。2000 年，李小妹和刘彦君发表的《护士工作压力源及工作疲溃感的调查研究》一文被引用了 1529 次。值得一提的是，“职业倦怠”作为关键词的研究，共计 6745 项，位居职业健康心理学研究领域的榜首，例如，赵玉芳和毕重增撰写的《中学教师职业倦怠状况及影响因素的研究》一文，被引用了 578 次。另据 WOK 平台（Web of Knowledge）的不完全统计，中国学者已经刊发了 300 多篇职业健康心理学相关研究，其中，工作压力为关键词的相关研究 119 篇、工作倦怠 27 篇、员工援助计划 4 篇、工作家庭平衡 28 篇，另有 122 篇以职业健康为研究主题。随着积极心理学的出现，诸如心理资本、主观幸福感、工作投入和积极领导行为等概念，已经被纳入职业健康心理学的研究体系中，这就为中国职业健康心理学的发展开辟了崭新的研究路径。职业健康心理学相关的著作和译著开始不断涌现，例如：宋国萍、汪默合著的《职业健康心理学》①，张西超编著的《员工援助计划》② 以及蒋奖、许燕翻译的《职业健康心理学手册》③ 等。与此同时，职业健康心理学课程也陆续在北京师范大学、清华大学、北京大学、陕西师范大学等高校开设。

除了学术研究方面的进展，职业健康心理学的应用也不断跟进。诸如战略性压力管理、幸福感干预、员工援助计划等职业健康心理学相关的干预项目在企业里广泛开展。尤其是员工援助计划，极大地促进了中国职业健康心理学的应用。自 2001 年起，许多专业的员工援助计划公司纷纷成立。迄今为止，30% 以上的中国 500 强企业为员工提供员工援助计划的相关服务。中国职业健康心理学科研与实践还进一步带动了职业健康心理学相关教育培训的发展。

为了满足广大研究者和实践者的交流需求，使得学术成果和干预技术得以相互转换，中国职业健康心理学论坛于 2005 年成立。中国职业健康心理学论坛目前已经成功举办了 10 次例会，每次例会都邀请职业健康心理学界的 10 位国际著名专家学者作相关学术报道，参会人数众多。研究者借助该学术平台，能够更好地知晓自己的研究成果在实际转化过程中存在的问题；而实践者通过交流活动，可以获得更多的职业健康心理学的相关理论及知识，用于指导实际工作。此外，中国心理学会下设职业健康心理学分会于 2011 年成立，旨在促进中国职

① 宋国萍，汪默．职业健康心理学[M]．南京：东南大学出版社，2010.
② 张西超．员工帮助计划[M]．北京：中国社会科学出版社，2006.
③ 奎克，蒂特里克著，蒋奖，许燕译．职业健康心理学手册[M]．北京：高等教育出版社，2010.

业健康心理学的发展与应用。

总之，中国的职业健康心理学从最初对相关概念的介绍，到变量关系的考察，再到干预体系的设计，正逐步地从传统的工业组织心理学向积极心理学取向转变。未来研究不仅需要构建职业健康心理学的理论体系和理论模型，更应当关注理论向现实的转化，更好地将研究结果应用到实际工作场所之中，真正地保护和促进从业者健康、安全和工作幸福感。

二、工作倦怠研究概述

1 工作倦怠的概念

倦怠是指因劳累过度而损害身心健康，通常用来描述一种心力耗尽的状态或过程。倦怠一词的提出可以追溯到 1599 年 Shakespear 在《热情的流浪者》一诗中所写到的，“她如干草燃起火苗般燃烧，干草既已燃光，一切随之渺茫”①，这是将倦怠比喻为火光即将燃尽熄灭的一种隐喻。

“工作倦怠”也称“职业倦怠”，国内也有学者翻译为“职业枯竭”、“职业过劳”等，该词在英文中也有不同的表达方式，如“burnout”、“professional burnout”、“job burnout”等。工作倦怠是与工作相关的一系列症状，通常被认为是工作中慢性情绪和人际压力的延迟反映。这一概念最早用于形容长期滥用药物后出现的一系列症状，比如情绪耗竭、动机丧失等。1961 年，Greene 在名为《一个倦怠个案》的小说中，讲述了一个建筑师因为不堪忍受工作造成的精神痛苦和理想破灭，而躲进非洲丛林离群索居的故事。这本小说的震撼力在于

① Enzmann D, Kleiber D. Helper Ordeals: Stress and Burnout in the Human Services [M]. Heiderberg: Asanger Verlag, 1989. 18.

它深刻地描绘了一些人在工作中极度疲惫、自我迷失和工作热情消失的体验。它的发表引起了人们对工作倦怠现象的关注，工作情景下的倦怠由此开始逐渐走进学者们的研究视野。有关工作倦怠的研究由美国开始迅速发展，并向世界各地辐射。

目前，工作倦怠研究已经成为世界范围内临床心理学、社会心理学、工业与组织管理心理学以及职业健康心理学的一个重要研究领域。五十余年来，国外工作倦怠的研究已经极具规模，很多学者采用不同的研究方法，试图对这一现象进行界定，迫切地希望从整体上认识工作倦怠这一现象，最具代表性的工作倦怠概念界定，参见表 2 -2 -1。

随着工作倦怠研究的深入，工作倦怠的描述和概括也与日俱增，研究者大多从某个或多个侧面对工作倦怠的概念加以界定。由于研究者关注的层面和角度不同，使得这些界定虽有相似之处，但对工作倦怠的性质和特征尚缺乏共识，造成对工作倦怠的概念界定众说纷纭。

现阶段，加州大学伯克利分校社会心理学系的 Maslach 教授对工作倦怠的概念界定，广泛为国内外研究者接受。她认为，工作倦怠主要可以从情感耗尽、讥诮和低职业效能三个角度进行概念化操作。其一，情感耗尽（exhaustion）是从工作倦怠的个体压力层面进行概括。指在工作过程中，个体在处理所遇到的难题与要求时，会感到能力不足与精疲力竭，最终导致工作情绪资源丧失。心理状况表现为疲劳、烦躁、紧张和易怒。其二，讥诮（depersonalization）是从工作倦怠的人际关系层面进行概括。指工作过程中，个体对待周边人际关系时，会采用无情与冷漠的方式或态度。心理状况表现为对同事和工作任务的冷淡、疏远和漠不关心。其三，低职业效能（reduced accomplishment）是从工作倦怠的自我评价层面进行概括，指在工作过程中个体对工作成绩会感受到低成就、无意义，以及缺乏成功体验。心理状况表现为低成就感和工作意义缺失①。

表2－2－1　工作倦怠概念界定

学者	年代	定义
Freudenberger	1974年	“职业倦怠是助人行业中的工作人员因工作强度过高，工作时间过长，并且无视自身的个人需要，所引起的疲惫不堪的状态，也是过分追求个人或社会的不切实际期望的结果。”②
Cherniss	1980年	“作为对工作疲劳的反应，工作倦怠是指个体职业态度和行为以负性的形式发生改变的过程。”③
Brill	1984年	“工作倦怠是在没有精神病理学原因的前提下，个体的一种由期望所引起的，与工作相关的、烦躁不安的、机能失调的状态。它具有两个方面的特征，一是在相同的工作情境中，个体曾经具有良好的工作绩效和较高的情感水平；二是在没有外来帮助或环境改变的情况下，个体难以恢复到原来的状态。”④

① Maslach C，Jackson S E，Leiter M. Maslach Burnout Inventory［M］. Manual，Third Edition. Pal Alto，CA：Consulting Psychologist Press，1996.

② Freudenberger H J. Staff Burnout［J］. Journal of Social Issues，1974，30（1）：59－65.

③ Cherniss C. Professional Burnout in Human Services［M］. Beverly Hills，CA：Sage，1980.

④ Brill P L. The need for an operational definition of burnout［J］. Family and Community Health，1984，6：12－24.

续表

学者	年代	定义
Maslach，Jackson	1986 年	“以人为服务对象的职业领域中，个体表现出的情感耗竭、人格解体和低个人成就感。”①
Etzion	1987 年	“工作倦怠是一个缓慢的发展过程，开始时毫无警报，在个体没有觉察到的情况下发展，一旦达到某个特殊的临界点，个体突然感觉到耗竭，并且不能把这种破坏性的体验与任何特殊的应激事件联系起来。”②
Pines，Aronson	1988 年	“由于长期卷入到高情感付出的工作情境中，而导致的身体、情感的耗竭状态。”③
Shirom	1989 年	“倦怠是身体疲劳、情感耗尽、认知厌倦相结合。”④
Schaufeli，Greenglass	2001 年	“由于长期面对具有强烈情感要求的工作环境，而造成的生理、情感和心理的耗尽状态。”⑤

---

① Maslach C，Jackson S E. MBI：Maslach Burnout Inventory [M]. Manual Research Edition. Palo Alto，CA：Consulting Psychologist Press，1986.

② Etzion D. Burnout ：The hidden agenda of human dietress，IIBR series in Organizational Behavior and Human Resources，working paper no. 930/87，The Israel Institute of Business Research，Faculty of Management，Tel AvivUniversity，Isreal，1987.

③ Pines A，Aronson E. Career Burnout：Causes and Cures [M]. New York：Free Press，1988.

④ Shirom A. Burnout in work organizations [M]. In Cooper C L，Robert I (Eds.) International Review of Industrial and Organizational Psychology. New York：John Wiely & Sons，1989. 25 - 48.

⑤ Schaufeli W B，Greenglass E R. Introduction to special issue on burnout and health [J]. Psychology and Health，2001，16：501 - 510.

2 工作倦怠研究简史

2.1 发现阶段

通常意义上，美国学者 Freudenberger 被认为是工作倦怠研究的首创者。他的一篇极具影响力的有关“群体倦怠”的文章，介绍了倦怠概念，开创了此项研究的新阶段①。Freudenberger 是一位精神科医生，在他所就职的纽约吸毒者免费治疗门诊里，有许多富有理想而又积极的年轻志愿者在这里服务。通过观察，他发现许多志愿者都经历了一个精力逐渐减退和动机逐渐消失的过程，随之而来的是一系列的生理、心理问题。这种耗尽状态通常发生在志愿者入职后大约一年的时间里。为此，Freudenberger 选择了“工作倦怠”一词作为描述从业者耗尽状态的代名词。几乎与此同时，美国社会心理学家 Maslach 也开始关注助人行业从业者的工作情感问题。她发现“工作倦怠”这一词条作为口头语，经常被用于描述加利福尼亚地区为穷人服务的律师们的工作状态，用以表达逐渐耗尽、讥消以及职责丧失的过程。因为这个词语得到了助人行业从业者的认同，所以 Maslach 及其同事在研究中采纳了“工作倦怠”一词②。从某种意义上说，Freudenberger 和 Maslach 近乎同步的发现，标志着从临床和科研两种不同取向开始对工作倦

① Freudenberger H J. Staff Burnout [J]. Journal of Social Issues, 1974, 30 (1): 59-65.

② Maslach C. Burn-out [J]. Human Behavior, 1976, 5: 16-22.

怠加以研究。临床取向主要涉及倦怠的评估、防预与治疗；而科研取向则关注工作倦怠的调查、研究和理论建构。两种取向相对独立的发展，起先临床取向盛行，随后重心又向科研取向转移。

2.2 探索阶段

在国外，工作倦怠一经提出便广为流传。最初研究成果的发表主要集中于报纸和期刊。研究对象涉及教师、社会工作者、护士、警察等行业。由于工作倦怠反映了当时社会上真正存在的问题，所以受到媒体的大力宣传和民众的普遍关注。在20世纪70年代末80年代初，倦怠成为了一个相当流行的心理学术语。也正在此时，大量的实践研讨、培训材料和干预方法纷纷出现。可以说，工作倦怠研究的初始阶段更注重实效性而非学术性①。这导致工作倦怠在含义上的混淆不清与无所不包。学者对工作倦怠概念的无限制延伸，使得这个概念所包含的意义过于宽泛，同时也就丧失了其独立存在的意义。此外，早期的工作倦怠研究文献多描述少实证，主要依赖于对不系统的观察进行研究。对早期的文献回顾发现，在48篇针对工作倦怠的文献中，只有5篇采用了实证数据②。多数叙述性论文重点强调诸如理想主义、完美主义等个体因素对工作倦怠的影响。

---

① Maslach C，Schaufeli W B. Historical and conceptual development of burnout [M]. In Schaufeli W E，Maslach C，Marek T (Eds.) Professional Burnout：Recent Developments in Theory and Research. Washington D C：Taylor & Francis，1993. 1 – 16.

② Perlman B，Hartman A E. Burnout：summary and future research [J]. Human relations，1982，35：283 – 305.

2.3 实证阶段

工作倦怠根植于人与工作之间的复杂关系，这就要求研究者对其中的具体问题加以仔细梳理和审视。在此之前，工作倦怠的重要性已经被医学家和社会评论家所关注，虽然当时的研究缺乏连贯的、一致的理论建构和实证研究手段，但也正是这些探索性、描述性、应用性的“常识心理学”观点和方法为科学心理学的研究提供了极有价值的信息。从20世纪80年代开始，关于工作倦怠的许多实证研究迅速涌现。1975年到1980年，文献数从最初的5篇发展到200多篇。从1980年开始，平均发表数量平稳地保持在每年200篇左右，在20世纪80年代末期，增至每年300多篇①。世纪之交，共有6000余篇工作倦怠研究成果问世。简短易答的自陈问卷，尤其是马氏工作倦怠问卷为实证研究提供了便利②。社会心理学与组织行为学的相关学术著作，更为工作倦怠的研究提供坚实的理论基础。

工作倦怠的实证研究结果有两次比较集中的展示。1990年，在波兰南部城市克拉科夫首次召开了“工作倦怠欧洲学术研讨会”，由Schaufeli和Maslach等人合作的《工作倦怠：理论与研究的近期发展》一书随之诞生。此书全面总结了当时工作倦怠的研究成果，并为后继研究提出了许多可行性建

---

① Schaufeli W B, Enzmann D. The Burnout Companion to Study and Research: A Critical Analysis [M]. London: Taylor & Francis, 1998. 69-71.

② Maslach C, Jackson S E. The measurement of experienced burnout [J]. Journal of Occupational Behavior, 1981, 2: 99-113

议。2005 年，Tylor & Francis 的《工作与压力》针对四篇工作倦怠来稿为靶子文章，出版了一期特刊，邀请工作倦怠研究领域的专家，专门探讨了工作倦怠研究中存在的问题。

20 世纪 80 年代开始的工作倦怠实证研究，表现出以下七种发展趋势：其一，MBI（职业倦怠测验）的广泛应用，使工作倦怠的研究结构化。MBI 作为应用最广、效度最高的工作倦怠测量工具受到相当程度的认可，在工作倦怠的实证研究中使用率高达 90% 以上①。其二，工作倦怠的研究虽起源于美国，但已经打破了国界的限制。首先受到了英国、加拿大学者的关注，进而欧洲大陆国家（德国、法国、瑞典、芬兰、挪威、西班牙、波兰、意大利、荷兰）和亚洲国家（以色列、约旦、中国、日本）的学者也纷纷加入到工作倦怠的研究中。甚至 Golembiewski 等在著作中用“全球性大蔓延”来指代工作倦怠研究的这种全球化趋势②。其三，工作倦怠最初的研究对象局限在助人行业。Schaufeli 等的调查表明，1996 年以前发表的有关工作倦怠的文章 34% 以健康行业为样本，另外护理、教育、社会工作、管理执法等行业分别占 27%、7%、4%，3%，其余 25% 为其他行业的样本③。然而，随着 MBI 通用版的问世，工作倦怠的研究对象不再拘泥于特定的工作环境，突

① Schaufeli W B, Enzmann D. The Burnout Companion to Study and Research: A Critical Analysis [M]. London: Taylor & Francis, 1998. 71 – 72.

② Golembiewski R T, Boudreau R A, Munzenrider R F, et al. Global Burnout: A worldwide pandemic wxplored by the phase model [M]. Greenwich, CT: JAI Press, 1996.

③ Schaufeli W B, Enzmann D. The Burnout Companion to Study and Research: A Critical Analysis [M]. London: Taylor & Francis, 1998. 72

破了以往多以助人行业为研究对象的樊篱。其四，组织因素和工作因素对工作倦怠的影响越发受到关注。其五，工作倦怠的研究方法得到改进。为了进一步确定工作倦怠的演变过程，纵向研究取代了原有的横向设计。其六，多数传统的工作倦怠研究是非理论化的，但是越来越多的研究尝试从概念、观念的层面加以探讨，从而将工作倦怠与主流心理学理论紧紧地联系起来。其七，近年来，工作倦怠的概念和研究领域得到了补充、扩大与延伸。工作投入作为一种与工作倦怠相关联的概念和内容，使研究视点从消极状态转向积极状态，全面地覆盖了对从业者心理健康状况的研究，拓展了整个职业健康心理学的研究视野和领域①。

3 工作倦怠的测量

Maslach 和 Jackson 曾经指出，“倦怠这个耳熟能详的名字，通常被当作一种华而不实的流行词或伪科学术语被狠狠地抛在脑后。”② 工作倦怠被接受和承认的过程，可以用一个形象的比喻——倦怠是从后门溜进学术界的。工作倦怠的测量，则更经历了一种由不成熟到成熟，由不被认同到认同的曲折过程。具体表现在 Maslach 的一篇有关马氏工作倦怠问卷测量学

---

① Schaufeli W B，Buunk B P. Burnout：An overview of 25 years of research and theorizing［M］. In Schabracq M，Winnubst J A K，Cooper C L（Eds.）. The Handbook of Work & Health Psychology，Second Edition. Chichester：Wiley，2002. 282 – 424.

② Maslach C，Jackson S E. Burnout in organizational settings［M］. In Oskamp S（Eds.）. Applied Social Psychology Annual. Beverly Hills CA：Sage，1984. 133 – 154.

特征的文章，曾被杂志社以“我们不发表通俗心理学作品”的名义拒稿。多年后，工作倦怠的研究已经渐渐走出阴霾，虽然没有像抑郁、焦虑一样正式成为精神诊断标准，但是工作倦怠的测量方法已经有了长足进步，工作倦怠的测量已经从摸索、争论、混乱逐步走向统一、发展、完善。巧合的是，目前最具影响力、应用范围最为广泛的工作倦怠测量工具，恰恰是当年被杂志社拒稿的马氏工作倦怠问卷。

3.1 马氏工作倦怠问卷（Maslach Burnout Inventory，简称 MBI）

MBI 由 Maslach 等学者编制而成。从工作倦怠测量工具的使用状况来看，MBI 的覆盖率高达 90%。MBI 的制定经历了三个不同的版本。第一版 MBI – HSS（MBI – Human Services Survey），专为服务行业工作者所设计。第二版 MBI – ES（MBI – Educators Survey），专为教育行业工作者所设计。第一版 MBI – HSS 中提及“受助者”的项目，在第二版 MBI – ES 中相应的改为针对“学生”的提法，这是两个版本间最主要的区别。两个版本都是通过主观的指标，即情感耗尽、去个性化、低个人成就感等三个评价维度，对工作倦怠进行测量。其中，去个性化维度的命名区别于临床心理学上的人格解体，并非自我意识障碍，而是指助人者或教师对受助者或学生的麻木不仁、漠不关心与愤世嫉俗。低个人成就感维度由于采用了积极的陈述，所以计分的方式为反向计分。实际上，这三个维度分别是个体在工作中精力、态度和自我评价三方面的表现。MBI – HSS/ES 的三维结构虽然已经被许多研究证实，但还是有少数研究者对三维结构提出异议，如2001年Densten对澳大利亚执法人员的研究发现了工作倦怠的五维结构①。这种结果的产生，可能是由取样偏差造成的。此外，还有部分研究提出了倦怠的两维结构，即以情感耗尽和去个性化为工作倦怠的核心维度②，这些研究结果有待于进一步的研究证实。

虽然最初设想工作倦怠发生在与人打交道的行业，如健康护理、社会工作和教育等，但是随着研究和实践的深入，研究者发现工作倦怠的研究不仅仅局限于助人行业和教育行业。鉴于此，研究者将经过简单修订的MBI运用到其他工作领域的从业者身上，但是结果令人大失所望。在这种情况下，由Schaufeli等人为测量各个领域从业者工作倦怠所设计的第三版马氏工作倦怠问卷通用版（MBI－GS）应运而生。MBI－GS的设计基于MBI－HHS/ES的结构，但区别在于MBI－GS的测量条目更加通用化，不单单指向“受助者”或是“学生”。相应的，MBI－GS的三个评价维度命名也修改为情感耗尽、讥诮和低职业效能。例如，情感耗尽维度只涉及疲惫感，而不是把受助者或是学生作为疲惫的来源；讥诮维度反映从业者对工作的漠然，而不是对服务对象的疏远；最后，职业效能维度包含了工作成就的社会与非社会层面。验证性因素分析证明，MBI－GS的三因素模型在维修人员、技术人员、护士、管理

① Densen I L. Re－thinking burnout［J］. Journal of Organizational Behavior，2001，22：833－847.

② Shirom A. Job－related burnout：A review［M］. In Quick J C，Tetrick L（Eds.）. Handbook of occupational health psychology. Washington DC：American Psychological Association，2003. 245－264.

者、软件工程师、大学教师、蓝领工人、白领工人等各行业都具有恒定性①。此外，来自瑞士、芬兰和荷兰的样本，也证实了 MBI - GS 的三因素模型的跨国不变性。在美国、加拿大、德国、荷兰、西班牙等国家也都有以之为基础的本国版本，并且从不同角度进行了多方面的研究。总而言之，MBI 是一个比较成熟的职业倦怠测量工具，具有较好的外部效度。

从心理测量学的角度看，MBI 是较好的工作倦怠测量工具，但同时也存在一个基本问题，那就是 MBI 的绝对主导地位造成了工作倦怠概念与 MBI 测量内容的等同。工作倦怠的定义经常被研究者不自觉地压缩为 MBI 所包含的三个维度——耗尽、讥诮、低职业效能。这种工作倦怠测量的“金标准”，无疑有利于研究结果的直接比较，便于对工作倦怠研究进行元分析，但是这种以缩小概念范围为代价的统一，必然存有争议。

3. 2 Pines 和 Aronson 修订的倦怠测量问卷（Burnout Measure，简称 BM）

由 Pines 和 Aronson 修订的倦怠测量问卷在工作倦怠研究中的使用率在 5% 左右②。此测量工具围绕倦怠的一个维度——耗尽展开测量。所有项目以泛指的方式编写，目的在于可以利用此工具测量任何职业群体的倦怠。此种单维测量工具

---

① Schaufeli W B，Enzmann D. The Burnout Companion to Study and Research：A Critical Analysis［M］. London：Taylor & Francis，1998.

② Pines A，Aronson E. Career Burnout：Causes and Cures［M］. New York：Free Press，1988.

可以作为倦怠的诊断工具，依据总分判断倦怠程度。在过去的20年间，由于因素结构和理论支持的问题，BM不断受到质疑，相应地，研究者对该问卷的关注程度也逐年降低。

3.3 奥登伯格工作倦怠问卷（Oldenburg Burnout Inventory，简称OLBI）

工作倦怠测量工具的完善与发展，直接影响到人们对工作倦怠研究方法的进一步深化，以及对工作倦怠真实面貌的总结概括。对MBI进行发展完善，直至一种高质量的完全可以替代MBI的工作倦怠测量工具最终问世，这一直是工作倦怠研究者们追求的目标。一种测量工具的形成需要时间和实践的检验，许多研究者为此付出了艰辛的努力。Demerouti等学者认为MBI存有一个至关重要的心理测量学缺陷，他们发现MBI三个分量表所有的项目都是按同一个方向措辞的，具体说，就是耗尽和去个性化（讥诮）分量表全部用含有消极态度的词语来表达，而个人成就（职业效能）量表全部用含有积极态度的词语来表达。据此，他们认为此种问卷编纂方式可能会导致作答者反应上的偏差，其后果则是正向措辞与负向措辞的量表由于作答者有意的思想倾向，而人为的汇集成各不相同的因素。2003年，Demerouti等学者发明一种新的测量问卷，并以德国奥登伯格大学命名，这就是奥登伯格倦怠问卷①。OLBI采用了与MBI相似的概念模式，但是只包含了两个分维度：

① Demerouti E，Bakker A B，Vardakou J，et al. The convergent validity of two burnout instruments：A multitrait - multimethod analysis［J］. European Journal of Psychological Assessment，2002，18：296 - 307.

耗尽（exhaustion）和不投入（disengagement）。OLBI 同 MBI 的区别在于，OLBI 平衡了正向措辞与负向措辞的项目，将其均匀地分配到整个问卷中，之后对正向措辞的项目实行了反向计分，避免了被试的反应定势。此外，MBI 仅将对耗尽的测量设定在情感方面，OLBI 却扩展了测量范围，在测量了耗尽情感层面的同时，专注认知层面与物理层面。在对服务业、工业、运输业等从业人员的工作倦怠测量过程中，证实了二维结构的 OLBI 同 MBI 具有很好的会聚效度。目前，OLBI 已受到关注与承认，并由德语翻译成英语，经过在英语国家测试，证明该量表有较好的效度①。虽然 OLBI 通过改变措辞方式，拓展了测量层面，但这仅仅是开始，OLBI 的效度需要更多的研究加以证实。

4 工作倦怠的理论研究

从工作倦怠概念的发展过程可以看到，最初的研究是由下至上，是为描述、认识和解释工作过程中从业者工作过劳现象而提出的一个概念术语。随着研究的深入，工作倦怠研究者兼收并蓄，大量援引心理学相关理论，从不同的心理学视角对工作倦怠的形成、发展、变化、调节、调控、管理等问题进行深入描述、解释与预测，进一步揭示工作倦怠的本质、特征和影响。

---

① Halbesleben J R B, Demerouti E. The construct validity of an alternative measure of burnout: Investigating the English translation of the Oldenburg Burnout Inventory [J]. Work & Stress, 2005, 19: 208 – 220.

4.1 心理动力学理论（Psychodynamic Theory）

根据心理动力学理论，Garden 等学者提出思维型与情感型这两种人格功能类型，对工作倦怠的形成起着主导作用①。思维型的从业者追求成就、不动感情、忽略他人；情感型的从业者富有想象、情感丰富、关心他人。个体在职业选择的过程中，往往倾向于选择适合自己人格功能类型的工作。举例来说，助人行业中情感型与思维型的从业者人数比例为 4:1，而在工程制造或管理等行业中，情感型与思维型的从业者人数比例为 1:4②。这恰恰是情感型的个体善于应对情感要求，而思维型的个体善于应对心智要求的体现。说明个体对高情感要求与高心智要求的应对能力，决定着工作倦怠的产生与否。也就是说，工作与人格类型的是否匹配，直接关系到工作倦怠。

从心理动力学角度讲，工作倦怠是一种特殊的心理自我调节过程。在荣格看来，每个人身上都会不同程度地表现出一种占优势的人格功能类型，并位居意识层面，而与主导人格相反的功能类型则潜伏在潜意识层。如果情感型占主导地位，居于自我的意识层，其他人格功能类型，如思维型则会隐藏于个体性格类型的潜意识层，反之亦然。意识层和潜意识层的人格功能类型互为消长，互为补偿。例如，个体意识层的情感骤增，就会产生心理上的不平衡，而这种不平衡又被潜意识层的思维

① Garden A M. The effect of psychological type on research findings [J]. Journal of Occupational Psychology, 1989, 62: 223 - 234.

② Garden A M. The purpose of burnout: a Jungian interpretation [J]. Journal of Social Behavior and Personality, 1991, 11: 23 - 48.

的增长所抵消。当潜意识层的思维增长达到一定程度时，就会进入意识层，相应的意识层的情感就会陡然剧跌进入潜意识层。从工作倦怠的发展过程来看，在不变换工作的前提下，从业者为了更好地适应工作状况，不得已依照人格功能类型与工作类型相匹配的原则，努力转换自己的情感与思维，这种转变过程是个体心力耗费的过程，剥夺了个体的心理资源，正是工作倦怠产生的根源。可以说，从意识和潜意识相互作用的角度，推断工作倦怠的产生发展过程，是一种大胆的尝试，是一种创造性的分析，开拓了工作倦怠研究领域的崭新前景。虽然目前工作倦怠研究中为数不少的成果已经证实了人格变量对工作倦怠的影响，但是对工作倦怠深层次的分析与防治涉猎甚少。在职业生涯规划阶段，运用心理分析理论，为从业者的职业选择提供中肯的建议，能够预防从业者入职后产生职业枯竭现象。此外，还可以在职业心理辅导的过程中，穿插心理分析理论，运用理性疗法对工作倦怠进行干预。当然，这些设想只是理论推测，还有待于将来成熟的实证研究进行检验。

4.2 存在心理学理论（Existential Psychology Theory）

存在心理学理论以探讨人的存在及人生意义为主题，突出心理学的人学性质，强调人的主观能动性与创造性，认为自我实现与自主选择是有价值的。人性不受外在环境控制，人可以自由选择其存在方式，但选择后就得承担自己的选择所带来的后果，后果可能是快乐的，也可能是痛苦的。存在理论认为，工作倦怠的根源在于人们相信他们的生活是有意义的，他们所做的事是有用和重要的。如果从业者内心根深蒂固的目标和期待无法实现，那么这种痛苦的幻灭过程实际上就是工作倦怠的发展过程。体现在工作倦怠研究中，表现为人们期待着从工作中获得存在的意义感，因此带着较高的目标和期望，开始了自己所选择的工作。当他们感觉到自己的工作没有价值，自己的付出相对于世界的改变微乎其微，他们开始意识到自己的失败、无助、绝望直至彻底的工作倦怠。简言之，出于对人生价值的关注，个体通过工作来寻求意义和价值感。工作倦怠的产生，是因为工作中的体验使得人与工作疏离、人与人疏离、人与自己疏离。Pines 等学者认为，“充满理想的人们努力工作为的是从存在中找到自我，得以安身立命”，只有主观能动性较强的并且怀有远大抱负的人会“为了熄灭而燃烧”，“没有如此强烈动机的人可能也会对工作感觉到压力、疏远、抑郁、危机或是疲惫，但这些决不是工作倦怠”①。究其本质，工作倦怠是个体为了从工作中寻求意义感，却以失败为结局的一种逐渐演变的幻灭过程。已有部分研究证实，工作倦怠与工作中存在的意义感呈负相关②③。

总之，存在心理学理论较深刻地揭示了人类对于工作最主要的动力来自对存在意义的追寻。实际上，用存在心理学理论论证工作倦怠，其目的在于建构一种人生哲学。存在心理学理

---

① Pines A. Burnout：an existential perspective［M］. In Schaufeli W B，Maslach C，Marek T（Eds.）. Professional Burnout：Recent Developments in Theory and Research. Washington DC：Taylor & Francis，1993. 41.

② Pines A M. Nurses burnout：an existential psychodynamic perspective［J］. Journal of Psychosocial Nursing，2000，38（2）：1 – 9.

③ Pines A M. Teacher burnout：a psychodynamic existential perspective［J］. Teachers and teaching：Theory and practice，2002，8：121 – 140.

论从个体存在的意义上，帮助人们理解工作倦怠，预防工作倦怠的产生，使从业者正视自己，对自己的内在世界有清楚的认知与评价，对工作带给自己的后果有清醒的认识和预测。当然，将存在理论应用于工作倦怠以外的其他层面，或是结合存在主义的观点探讨工作倦怠，同样是值得尝试的①②。

4.3 学习理论（Learning Theory）

从学习理论的角度讲，工作倦怠源自对强化、结果和效能的不合理预期。强化预期用于描述某种工作结果是否能够满足某种目标，例如教师在教学中设立的目标，就是学生对不懂的问题能够积极提问，但如果设立不切合实际的目标，把学生当作一教即会的天才，那么强化预期就可能会得不到满足，进而教师会产生倦怠。结果预期用于描述某种行为会导致某种结果，例如教学行为的结果，如果是学生对教师所传授的问题一窍不通，教师就会丧失对学生的希望，从而感到工作倦怠。效能预期是指执行某种行为的个人能力，例如教师可能会因为自身的能力有限，而无法有效完成教学任务，最终导致倦怠。Meier强调上述三种预期依赖于社会和个体因素。群体规范和个人信念会很大程度上影响个体的预期，进而又间接地影响工

① Pines A M. Couple Burnout：Causes and Cures［M］. New York：Routledge，1996.

② Pines A M. A psychoanalytic existential approach to burnout：demonstrated in the cases of a nurse，a teacher and a manager［J］. Psychotherapy：Theory/Research/Practice/Training，2002，39，103－113.

作倦怠进程①。

学习理论着眼于工作情境下倦怠的产生过程，并从学习心理学的角度对倦怠的产生与发展，进行了颇有依据的阐释。虽然最初学习理论在工作倦怠研究领域中的应用主要是针对教师而言，而用于对其他领域从业者的工作倦怠研究稍有牵强，但是随着工作倦怠研究的深入，倦怠的学习理论已打破了原有的研究界限，为研究学生的学习倦怠开辟了先河，奠定了研究基础，并提供了研究思路。研究者完全可以从这个崭新的视角，审视工作倦怠研究的拓展性领域——学习倦怠。

4.4 公平理论（Equity Theory）

公平理论分别从两个角度分析和理解工作倦怠。首先，公平理论作为一种泛化的社会交换理论，认为从业者与组织（或助人者与受助者）之间的关系是一种社会交换关系，即从业者为组织付出一定的代价，并从组织获得一定的报酬作为收益。从业者的工作动机或激励水平，取决于付出代价与获得收益之间的关系是否公平。公平与否取决于各种社会比较过程，主要包括横向比较和纵向比较两种。前者指将自己所获得的报酬和自己所付出的努力之比，与他人所获得的报酬和他人所付出的努力之比进行比较；后者指将自己现在的报酬与付出之比，与自己过去的报酬与付出之比进行比较。若付出与收益之间的关系是公平的，则从业者处于认知平衡状态，并产生工作

① Meier S T. Toward a theory of burnout [J]. Human Relations, 1983, 36, 899 - 910.

满意感，从而有利于激发工作动机；否则，公平感的缺失会演化为一种持续的状态，从业者源源不断地付出，却收效甚微，由此可能导致从业者情感资源的大幅度减少，最后发展成为工作倦怠。其次，公平理论作为解释人际关系的一种理论认为，在人际交往中，人们不仅考虑自己的得失，而且考虑对方的得失，理想的人际关系是两种得失比率平衡。失去平衡会引起不安感，促使人设法去恢复平衡状态，或者改变过去心理上对得与失的估计，以恢复心理上的平衡。

基于这些公平理论，Buunk 和 Schaufeli 认为互惠原则是通用的心理学原则①。从进化论的角度来看，互惠原则的诞生使远古时期人类祖先的存活成为可能。互惠关系的缺失不仅会引发负面情感，同时还会激起人们重获互惠的欲望，进而以剥夺他人的所得为代价。这体现在从业者身上，就是以情感耗尽、讥诮的方式对待工作等一系列工作倦怠症状的出现。

总之，无论从社会交换还是人际关系角度看，工作倦怠与公平互惠原则的关系是密不可分的。这一理论设想已经得到了一些横向或是纵向研究成果的支持②③。从目前的发展状况看，

---

① Buunk B P, Schaufeli W B. Reciprocity in interpersonal relationships: An evolutionary perspective on its importance for health and well – being [M] . In: Stroebe W, Hewstone M (Eds.) . European Review of Social Psychology (Vol 10) . Chichester, UK: Wiley, 1994. 211 –241.

② Bakker A B, Schaufeli W B, Demerouti E, et al. Using equity theory to examine the difference between burnout and depression [J] . Anxiety, Stress, and Coping, 2000, 13: 247 –268.

③ Van Dierendonck D, Schaufeli W B, Buunk A P. Burnout and inequity among human services providers: a longitudinal study [J] . Journal of Occupational Health Psychology, 2001, 6: 43 –52.

此项研究日益受到学者们的青睐。

4.5 社会比较理论（Social comparison Theory）

社会比较理论的基本要义是：在缺乏客观标准来评定自己时，个人倾向将自己与别人相比较，有时与条件胜于自己的人相比较，有时与条件低于自己的人相比较，至于如何选择，则视社会情境而定。无论所比者为何，都是在与别人的比较中寻找自我价值。

工作中的社会环境潜移默化地影响着从业者工作倦怠的形成与发展。面对工作情境中的压力，从业者会产生相应反应，为了评价自己的反应是否适当，从业者会倾向于从与别人反应的比较中进行反应的自我评估。早期研究发现，护士在工作中显现了与日俱增的合群欲望，但实际上表现出的合群行为却不高。针对此种行为的解释是护士们害怕尴尬，担心述说自己心中的压力，询问别人如何应对压力会表明自己是弱者，这种行为具有典型的社会隔离倾向——工作倦怠的主要表现①。随后的研究也表明，将胜任的同事作为积极的榜样，会使从业者学会更加有效地处理问题，减少工作倦怠发生的风险，而与能力差的同事攀比，将会增加个体产生工作倦怠的概率②。已经开

---

① Buunk A P, Schaufeli W B. Burnout: a perspective from social comparison theory[M]. In Schaufeli W B, Maslach C, Marek T (Eds.). Professional Burnout: Recent Developments in Theory and Research. Washington DC: Taylor & Francis, 1993. 53 –73.

② Buunk B P, Ybema J F, Gibbons F X, et al. The affective consequences of social comparisons as related to professional burnout and social comparison orientation [J]. European Journal of Social Psychology, 2001, 31: 1 –15.

始体会到工作倦怠的个体，与工作倦怠程度较重的个体相比，从情感应对角度讲，可能会产生一丝正向情感。

虽然上述关于工作倦怠的社会比较论研究尚不成熟，但是却为工作倦怠的研究开启了一扇大门。从很大程度上证明了社会支持对工作倦怠影响的重要性。把工作倦怠置于群体心理学背景之下的社会比较理论，通过水平相当个体之间工作倦怠的产生与发展情况的比较，可以解释工作倦怠的一种重要的社会学特征——传染性。当然，探索性的理论需要用事实说话，相继的一些研究已经从社会比较角度，开始对工作倦怠及其相反面——工作投入进行探索。

4.6 应激理论（Stress Theory）

工作环境特征同个人追求交织在一起促成了一种特殊压力源的产生。其中工作环境特征包括高工作负荷、低领导支持、社会孤立等；个人追求包括理想主义、拜金主义、自我至上等；特殊压力源则表现为对自我能力的怀疑，对工作任务的抵触，缺乏工作自主性等。工作倦怠发展与否，依赖于从业者对特殊压力源的应对方式，积极的应对方式优于消极回避的防御策略。也就是说，工作倦怠代表了对特殊工作压力源的逐步适应。激情与责任感的减退、自我的迷失、渐增的讥诮悲观、情感淡漠、工作退缩、对自己的过分关注都是工作倦怠的征兆。总之，工作倦怠表现为从业者个人追求和工作环境特征之间的矛盾冲突，以及因此而造成的个体对工作付出的逐步减少和既定工作目标的渐趋消失。

4.7 资源保存理论（Conservation of Resource Theory）

资源保存理论的发展已有20多年的历史，首先由Hobfoll提出，是理解工作倦怠过程的主要理论①。此理论的突出特征是从需求和资源的角度来解释工作倦怠。主要设想是，积极的体验或资源是叠加的，通过促成资源的螺旋式上升，进而产生提升心理健康的效果。也就是说，重要资源占有者经常能够获取其他资源，反之，失去重要资源会进一步导致其他资源的螺旋状丧失。事实上，工作倦怠的两个潜在的心理过程——工作要求和工作资源，分别与工作倦怠的不同维度存在着高度相关。正是由于工作要求过高或工作资源的缺乏，最终产生了工作倦怠。工作资源可分为外部资源和内部资源，外部资源包括经济回报、社会支持、管理者辅导等；内部资源包括自主性、反馈和职业发展的可能性等。当工作资源缺乏时，个体无法应对高要求的负面影响，从而产生工作倦怠。相反，工作投入作为一种积极资源，会促成健康的提升，也会带来更多资源的获取。

工作资源理论本着促进工作目标实现、降低工作要求、激励个人成长的原则，使人们开始从一个更为广阔的视角来研究工作倦怠问题，扩展了工作倦怠研究的理论思路。该理论更注重客观地分析环境与人的相互作用对工作倦怠的影响，而不是单纯地个体分析，因此，工作资源理论正日益受到人们的关注。

需要说明的是，上述工作倦怠研究代表性理论的出现，是

---

① Hobfull S E. Conservation of resources: a new approach at conceptualizing stress [J]. American Psychologist, 1989, 44: 513-524.

随着研究条件的具备，研究领域的拓宽，研究手段的成熟而必然产生的。这些理论并不存在绝对的优劣问题，但不排除理论之间存有一定相互矛盾之处。因此，我们应该充分利用它们之间的互补性，采用各种理论整合的观点去看待工作倦怠，将小的理论相互吸收进行大的综合，再将大的理论采长补短进行新的建构，从而为工作倦怠研究提供更为坚实的理论基础和实践指导。

5 工作倦怠的干预

长期以来，工作倦怠一直被认为是影响从业者身心健康和工作绩效的负面因素。工作倦怠的不良后果，不但会使个体身心受损，还会表现为一种“溢出”效应，即把情感耗竭等负性体验带入到家庭生活和朋友交往之中，以至于影响到生活的其他方面。由此可见，对工作倦怠的引导和干预是非常必要的。所谓工作倦怠的干预，是指通过预防、抑制和治疗等手段，帮助从业者摆脱工作倦怠所导致的情绪衰竭、挫败感、易怒、玩世不恭、低自我效能等状况的困扰，其终极目标在于降低倦怠发生的可能性，减缓已经发生倦怠的危害性。

5.1 工作倦怠干预研究的现状

工作倦怠研究的应用性质要求研究者应该把大量的研究成果转化为积极有效的干预手段，因此，很多研究者在防治和干预工作倦怠方面做出了不少积极努力。既往工作倦怠干预研究，大体可以分为指向个体和指向组织的两种干预手段。

其一，以人为本的个体干预。从工作倦怠研究的相关文献中不难发现，大部分的干预方法属于改变个体一类。虽然有部分文献认同工作环境在防治倦怠中的作用，但是主要的观点仍然集中于个体在工作倦怠干预中的主导作用。个体干预基于以下几个设想：首先，学者们更倾向于认同工作倦怠更多地来源于个体而不是工作环境。其次，即使不考虑工作倦怠的来源，人们也通常认为应对工作倦怠是个体的责任，而与组织无关。再次，提倡工作倦怠的个体干预，与个体主义盛行的西方社会生存哲学相吻合。此外，最重要的一点，在于对个体进行工作倦怠干预所付出的成本，要远远小于组织干预。

个体干预主要集中于以下两个大的范畴：一是针对工作现状，个体主动协调与工作的关系，具体通过改变工作方式、发展防御性应对策略、寻求社会支持等几个途径实现。如 Homer 考察工作时间的永久性缩减对职业倦怠的有效干预作用①。Hamberger 等通过对助人行业工作者时间管理倾向的考察，认为个体的积极应对对工作应激和倦怠具有突出作用②。二是着眼于加强个体内部资源管理，具体通过选择轻松的生活方式、改善健康状况、自我分析等几个途径实现。如一项有关音乐治疗技术对教师倦怠的干预作用的考察，证实了音乐疗法的干预作用。Van Dierendonck 等从超个体心理学的角度出发，验证

---

① Homer J B. Worker burnout: A dynamic model with implications for prevention and control [J]. System Dynamics Review, 1985, 1: 42 -46.

② Hamberger L K, Stone G V. Burnout prevention for human service professionals: Proposal for a systematic approach [J]. Journal of Holistic Medicine, 1983, 5: 149 -162.

了以心理综合法为基础，工作倦怠干预在提升幸福感、改善情商值以及实现完满人生方面持久的效果①。这些理论上的阐述和个案研究的报告都极具开创性，但对工作倦怠干预的整体效果仍有待检验。

其二，以环境为主的组织干预。通过对工作倦怠相关文献的回顾，发现以环境为主的组织干预的研究成果并不多。即使提出了相应的组织干预策略，其中心议题也不是改变组织环境，而是仍然集中于改变个体，使其适应工作环境。以环境为主的组织干预基于以下几个设想：首先，引起工作倦怠的最初决定性因素中，不能排除环境因素。其次，在以数量作为工作绩效考核标准的情况下，压力可以成为一种动力；而在以质量作为工作绩效考核标准的情况下，高强度压力导致的倦怠，则需要组织加以干预。再次，提倡工作倦怠的组织干预，与集体主义盛行的东方社会生存哲学相吻合。此外，同个人干预相比，组织干预的范围更广，效果更明显，潜力更大。

组织干预主要集中于以下几个方面：一是针对从业者的现状，组织主动协调与个体的关系，主要通过提供建设性反馈、接纳从业者意见、提供工作训练和工作轮换等途径实现。如台湾高科技领域对从业者采用工作轮换的管理培训技术，以及很多企业为了培养员工抵抗倦怠的能力，开发出的一系列的韧性培养方案。二是着眼于企业内部资源管理，通过明确任务分配、阐明角色责任、工作绩效评定合理化等途径实现。如Elloy

---

① Van Dierendonck D，Garssen B，Visser A. Burnout Prevention through Personal Growth［J］. International Journal of Stress Management，2005，12（1）：62－77.

等学者用自我管理团队来对工作倦怠进行干预，Nico W Van Yperen 有关公平感的培训等①②。这些干预虽然取得了一定成效，但多数研究策略仍处于探索阶段。

5.2 工作倦怠干预中存在的问题

通过上述对工作倦怠干预研究的回顾，不难发现，研究者多角度、多层次、大范围地对工作倦怠的防治提出了深刻的建议，并且有些干预手段极具创造性。但事实上大多数干预结果同预期还是有很大差距的。这些事实说明，目前的干预研究是有局限性的。这突出地表现在以下几方面：

首先，工作倦怠干预缺乏针对性。工作倦怠还是一个不断发展、不断完善的研究领域。研究者根据各自的理解，对工作倦怠提出了纷繁杂乱的概念界定和研究模式。这种情况对工作倦怠干预造成的影响，就是研究者各自为政，从不同的角度和侧面探讨工作倦怠的干预问题，造成工作倦怠的干预缺乏针对性。

其次，工作倦怠干预效果不显著。各种形式的工作倦怠干预最终的目的在于对工作倦怠的预防和治疗产生积极的效果。然而，大多数的干预效果却不尽如人意，要么只是在短期内缓解了倦怠的程度，要么只是对倦怠的某一维度（如控制情感耗竭）发生作用。大部分的干预训练还是基于工作倦怠的影响因素来做的，切实有效的干预训练却非常少见。即使有些倦

---

① Elloy D F, Terpening W, Kohls J. A causal model of burnout among self - managed work team members [J] . The Journal of Psychology, 2001, 3: 321 - 334.

② 郭思，钟建安．职业倦怠的干预研究述评[J]．心理科学，2004，27（4）：931 - 933.

怠干预的研究提供了理论上的阐述和个案研究的报告，并研发了具体的干预策略和技术，但也只是建设性意见，并未被广泛接受认同。

再次，工作倦怠干预理论与实践相脱离。从描述性、探索性、应用性的“常识心理学”角度出发，有利于人们对工作倦怠问题加深了解，为有效的干预进行了理论上的准备。但遗憾的是，“倦怠”这种自下而上的历史性沿袭，却在实践与学术之间划出了一道难以逾越的鸿沟。具体表现在对工作倦怠的干预问题上，实践人士倾向于从自身经验出发，只需采用实用便捷的方法来处理工作倦怠，以达到立竿见影的效果；而学者们则更倾向于从理论模型出发，认为所有的干预方法必须建立在实证的基础之上，如 Freudenberger 和 Maslach 对工作倦怠的提出的干预，就是基于实践和理论两个不同的角度。现实生活中，对工作倦怠加以干预不仅存在理论上的种种障碍，而且要求研究者在掌握有深度的理论方法的同时，还要有必备的实践条件，如被试、资金等作保障。这无疑为工作倦怠干预的实施和外在推广，带来了种种困难。

此外，中国的工作倦怠干预研究还有待深入。随着职业健康心理学整合性研究的出现，工作倦怠干预日益受到重视。尤其欧美国家在工作倦怠干预研究方面做出了大量的努力，如 2000 年的《临床心理学》杂志出了一期专刊，专门讨论倦怠的干预与治疗问题。而纵观中国有关工作倦怠研究方面的文章，不难发现中国工作倦怠研究相对滞后，很少见到有关工作倦怠干预的研究。这就要求研究者充分利用国外已有研究成果，结合本土特点，加大研究力度。

三、工作投入研究概述

近年来，随着对工作倦怠研究的深化，学界开始对工作投入予以关注，这是一种看似矛盾而实际上却颇有深意的研究转向。在研究工作倦怠的过程中，以情感耗尽及与工作保持心理距离为特征的工作倦怠，引发了研究者进一步了解和探究从业者工作幸福感全貌的研究兴趣。这就使得在工作倦怠研究进行了三十多年后，与工作倦怠截然相反的工作投入走进了研究视野。研究者们不仅会产生疑问，若把工作倦怠和工作投入比作工作幸福感这枚硬币的正反两面，在充分了解了反面的工作倦怠之后，硬币正面的工作投入究竟是什么情况呢？具体来讲，能否确定哪些从业者是在充满活力的工作、积极投入的工作？如果能确定，又是什么样的驱动力在鼓舞着从业者？引起工作投入或是工作倦怠的驱动力是否相同抑或是相反？工作投入的作用与效果何在？怎样提升工作投入？工作投入展现的是什么样的心理过程？带着对这些问题的疑问，研究者开始了对工作倦怠的相反面——工作投入的系统化研究。

1 概念

同其他许多心理学术语一样，工作投入的概念一经提出，便出现了不同的界定。学者们从不同的角度出发，根据对工作投入表现的不同认识，提出了工作投入的不同概念。

1.1 基于人种学视角的思考

工作投入的提出最早可以追溯到1990年。美国波士顿大学的Kahn在早期人种学研究的基础之上，采用质化的理论生成方法，以夏令营顾问和建筑公司员工为研究对象，首次提出了工作投入的概念。指出工作中的投入是“组织成员控制并利用自我，从而使自我同工作角色相融合”①。这一观点强调了工作投入中“我是谁?”和“我的工作是什么?”的统合性，认为两者不应顾此失彼。对“自我”和“工作角色”的统合性越强，组织成员的工作表现就越出色，对“角色中的自我”(self－in－role）就越满意。Kahn将工作中个体的投入看作是某一时刻的投入，是暂时的，是随着“自我”和“工作角色”的结合或分离时有起伏的，但实际上，“自我”与“工作角色”处于一个动态的、相互协调的过程中。当个体将自己的精力投入到角色行为中，并在角色中展现自我时，处于工作投入状态；当个体将自我抽离于工作角色之外，并压抑自我在角色中的表现时，处于工作不投入状态。在Kahn看来，投入是“工作角色中的自我”在生理（physical)、认知（cognitive)和情感（emotional）三方面的展现。进一步的调查研究指出，工作投入主要受到心理意义感（psychological meaningfulness)、心理安全感（psychological safety）以及心理可获得性（psy-

---

① Kahn W A. Psychological conditions of personal engagement and disengagement at work [J]. Academy of Management Journal，1990，33（4)：692－724.

chological availability）等三种心理状态的影响。其中，心理意义感是指个体将自我投入到工作角色中以获得回报感；心理安全感是指个体能够展示和控制自我，不必担心自我形象、地位或职业遭遇负面评价；心理可获得性是指个体将自我投入到工作角色中，具备可利用的生理、情感和心理资源。Kahn 在此基础上，系统地提出了深入探索工作环境及工作角色主观特点，通过对微观世界的聚焦放大宏观世界的必要性。

Kahn 从崭新的人种心理学角度对工作投入进行了开创性探索，充分肯定了积极的心理状态对工作绩效以及组织稳定性等方面的影响，并对工作投入的影响机制加以分析。虽然这项开创性研究工作提出了一个综合理论模型，但其不足在于不能对工作投入的概念进行操作化测量，所以，在当时并没有得到热烈的响应。但是近年来，随着工作倦怠研究的深入，以及积极心理学思潮的兴起，越来越多的学者开始了对工作投入的研究。2001 年，Rothbard 等学者从 Kahn 投入概念的认知维度出发，认为角色投入（role engagement）的两个重要成分是注意（attention）和专注（absorption），并对这两个维度进行考察①。2004 年，May 等学者在 Kahn 的观点的基础上，同样从生理层面、情感层面和认知层面对工作投入加以界定，并进行了一项实证研究。结果显示：心理意义感、心理安全感和心理可获得性三种心理状态对个体的工作投入均具有显著的正面影

① Rothbard N P. Enriching or depleting the dynamics of engagement in work and family roles [J]. Administrative Science Quarterly, 2001, 46 (4): 655-684.

响，其中尤以心理意义感的影响强度最大①。2010 年，Rich 等基于 Kahn 理论模型中的心理意义感、心理安全感和心理可获得性，将价值一致感（value congruence）、组织支持感与核心自我评价作为工作投入的前因变量。结果表明，工作投入在三个前因变量与结果变量工作绩效（任务绩效、组织公民行为）的关系中起中介作用。此外，该研究还探讨了工作卷入、工作满意度和内在动机这三个变量，分别解释上述前因变量与结果变量关系中的中介作用。研究表明，工作投入中介作用的解释量优于上述三个变量②。

1.2 基于人力资源管理视角的思考

2002 年，Harter 等学者以美国 36 家公司的 7939 个商业单位为调查对象，运用盖洛普民意测验对工作投入进行元分析。认为工作投入表现为两方面：一方面，员工清楚工作要求自己做什么、怎样做，清楚完成工作需要具备什么样的能力；另一方面，在工作中，员工时常能获得意义感和满足感，并且认为与值得信任的同事一起工作时自己是不可或缺的，对未来的发展和提升充满希望③。Harter 等对工作投入的描述性定义，强调从业者在认知上对工作任务的警觉性，以及在情感上同工作

① May D R，Gilson R L，Harter L M. The psychological conditions of meaningfulness，safety and availability and the engagement of the human spirit at work [J]. Journal of Occupational and Organizational Psychology，2004，77（1）：11 –37.

② Rich B L，Lepine J A，Crawford E R. Job engagement：Antecedents and effects on job performance [J]. Academy of Management Journal，53（3），617 –635.

③ Harter J K，Schmidt F L，Hayes T L. Business – unit – level relationship between employee satisfaction，employee engagement，and business outcomes：A meta – analysis[J]. Journal of Applied Psychology，2002，87（2）：268 –279.

的关联性，反映出从业者对工作的熟悉程度非同一般，并且在工作中受到了一定的重视。此种界定方式具有很强的应用性和实践性，范围较为宽泛。但是，由于这种以人力资源实践为基础的工作投入界定方法，更多的是强调组织环境对从业者的要求和领导支持的作用，而较少涉及从业者对工作任务积极主动的全身心付出。与其说是对工作投入的界定，不如说是对工作投入原因的界定。此外，虽然盖洛普民意测验预测的准确性较高，但是这种以实践为导向的概念界定方法缺乏理论支撑。在此基础上，有研究者单纯地针对从业者与工作的关联性，提出了类似于工作投入的术语——连接感，认为连接感是指履行工作任务是有趣并且重要的，是受组织和他人欣赏与尊重的，并且个体价值同组织价值是密不可分的，并把工作倦怠和工作连接感作为相对的概念加以研究①。虽然此种界定是一种大胆的尝试，但并不能展现工作投入的全貌，同样难以令人信服。

1.3 基于工作倦怠研究的反向思考

工作倦怠研究的深入使研究者们不再拘泥于工作带给人们的负向作用。为此，一些工作倦怠研究者开始了对工作投入这一积极职业心理状态的探讨。多数研究认为工作倦怠和工作投入是息息相关的，工作投入研究是工作倦怠研究的拓展，对工作投入的研究已经成为工作倦怠研究中必不可少的一个环节。

① Metzer J C. Volunteering work stress and satisfaction in the service professions [M]. In: Dollard M F, Winefield A H, Winefield H R. Occupational stress in the service professions. London: Taylor & Francis, 2003. 389 - 409.

以 Maslach、Shirom、Schaufeli 为代表的研究者，基于工作倦怠和工作投入的关系，分别对工作投入加以界定。

Maslach 等研究者们将工作投入与工作倦怠看作是与工作健康状态相关的连续体的两端，二者的内在维度是一致的，并认为工作倦怠是工作对从业者工作投入的消耗与侵蚀。工作投入所表现出的精力（energy）、卷入（involvement）和效能感（efficacy），在一定条件的作用下，转化成了工作倦怠所表现出的耗尽（exhaustion）、讥诮（cynism）和低职业效能（lack of professional efficacy）①。间接的，工作投入也就成了工作倦怠的反向代名词。也就是说，投入高的个体具有一种精力充沛的感觉，能有效地进入工作状态并能与他人和谐相处，而且能够完全胜任工作，积极满足工作提出的各种要求；与之相对，倦怠高的个体，则与工作、他人处于一种疏离状态，并有一种无效能感和耗竭感②。

2003 年，以色列特拉维夫大学的 Shirom 在《组织压力与健康》一书中，发表了一篇题为《在工作中充满活力——活力的结构及其对组织的积极影响》的文章，认为活力和工作倦怠是互为对立的，活力表现为“从业者身体具备力量，情绪富有热情，认知充满生机”，不同于身体疲劳、情感耗尽、

① Maslach C, Schaufeli W B, Leiter M P. Job Burnout [J]. Annual Review of Psychology, 2001, 52 (1): 397 - 422.

② 李锐，凌文辁. 工作投入研究的现状[J]. 心理科学进展，2007，15 (2): 366 - 372.

认知厌倦等工作倦怠表现①。Shirom 在工作倦怠的研究过程中，同样洞察到了工作倦怠的积极转向，提出了自己对工作倦怠相反面——活力的认识。虽然 Shirom 的定义也是从生理、情感和认知角度对活力加以界定，但是对活力的界定范围相对狭小，并没有反映工作倦怠相反面的整体面貌，所以可将活力看作工作投入的一个维度。

Schaufeli 等研究者通过对投入水平较高的员工的访谈，采用另一种途径来定义工作投入。他们提出：同工作倦怠相反，工作投入表现为从业者在工作中充满活力感，将自己同工作紧密地联系在一起，并自信有能力妥善应对各种工作要求。通常将工作投入定义为一种积极的、令人满足的、与工作相关的心理状态，以活力（vigor）、奉献（dedication）与专注（absorption）为特征②。活力表现为在工作中精力充沛、富有韧性、积极努力，勇于克服困难；奉献表现为对工作热情的投入，能够从工作中感受到自己存在的意义，富有激情、充满灵感与自豪感、敢于接受挑战；专注表现为工作时注意力高度集中，并快乐地沉浸其中，任凭时间飞逝也很难从工作状态中脱离出来。也就是说，相对于工作倦怠过程中出现的空虚感，工作投入令人满意、令人高兴。工作投入并非一种瞬间的、具体的情绪状态，而是一种持续的、蔓延的心境，是一种不受任何特殊

---

① Shirom A. Feeling vigorous at work? The construct of vigor and the study of positive affect in organizations [M]. In: Ganster D, Perrewé P L (Eds). Research in organizational stress and well - being. Greenwich, CN: JAI Press, 2003, 3. 135 - 165.

② Schaufeli W B, Salanova M, Gonzalez - Roma V, et al. The measurement of engagement and burnout: A two sample confirmatory factor analytic approach [J]. The Journal of Happiness Studies, 2002, 3 (1): 71 - 92.

个体、客体、事件和行为影响的情感认知状态，同时也是有别于个体的一种人格特征。

从上述对工作投入的不同界定，可以发现这些界定各有异同，但是无外乎强调个体同工作角色的“吻合”，抑或强调个体同工作的关联，抑或强调个体在工作中的积极表现。目前，Schaufeli 等学者对工作投入的概念界定相对全面，从多个角度、多个侧面深入揭示了工作投入的内容和本质。虽然有学者认为 Schaufeli 等学者对工作投入的界定只不过是工作倦怠的各个维度相反面的代名词，并认为工作投入的三个维度与其他相关的心理学概念有所重合①。但是从发展趋势看，工作投入的研究的确是由对工作倦怠的研究所引发的。受工作倦怠研究的启发与积极心理学思潮的影响，研究者从与工作倦怠相反的视角对工作投入加以界定是无可厚非的。况且这种工作投入的界定方法在某种程度上也沿袭了最初对工作投入的界定模式。实际上，活力反映的是工作投入的情感层面，奉献代表的是工作投入的行为层面，而专注意味工作投入的认知层面。

无论采取何种定义方式，工作投入都可以表述为，一种经过努力而获得满足的，具有持续性、积极性、主动性的心理状态。简言之，工作投入就是在工作中充满热情、积极奉献、主动融入。

① Shirom A. Feeling vigorous at work? The construct of vigor and the study of positive affect in organizations [M]. In: Ganster D, Perrewé P L (Eds). Research in organizational stress and well - being. Greenwich, CN: JAI Press, 2003, 3. 135 - 165.

1.4 工作投入与相关概念的区分

任何一种新概念的提出，为了避免同已有概念的混淆，都要经受严格的区分效度检验，工作投入也不例外。工作投入从行为、情感和认知层面诠释了从业者对工作的热爱。同许多新生的概念一样，工作投入是积极的工作态度研究体系中的组成部分，不可避免地与现存的一些心理学术语在含义上存在一定相似性或存有一定联系。其中，工作沉迷（workaholism）、工作卷入度（job involvement）、组织承诺（organizational commitment）是最容易与工作投入引起混淆的一些概念。对工作投入及相关概念进行以下简单区分。

1.4.1 工作投入与工作沉迷

"工作沉迷"也称"工作成瘾"，是由美国宗教学教授 Oates 在 1971 年最先提出的，他认为"工作沉迷是指受强迫或无法控制的需要的驱使，而不间断的工作"①。工作沉迷者或称工作狂对工作的需求相当夸张，以至于危害到自身的健康，减少个体自身的幸福感，并且阻碍了人际交往，损害了社会机能。许多学者认同这种界定，认为工作沉迷类似于酒精成瘾，是一种不良行为②③。但也有学者提出不同的看法，认为至少

---

① Oates W. Confessions of a workaholic: The Facts about Work Addiction [M]. New York: World Publishing Co., 1971.

② Porter G. Organizational impact of workaholism: Suggestions for researching the negative outcomes of excessive work [J]. Journal of Occupational Health Psychology, 1996, 1 (1): 70-84.

③ Killinger B. Workaholics: The respectable addicts [M]. New York: Simon and Schuster, 1991.

从组织的视角来看，工作沉迷是积极的。工作沉迷可以带来令人满意的工作成效，并且工作沉迷者热爱自己的工作，并从工作中获得许多乐趣，所以应当称工作沉迷者为“精力过旺的工作者”①②。在两种不同观点的碰撞与争论下，又有学者将工作沉迷看作既是积极的又是消极的，并以“好”与“不好”为标准区分出不同类型的工作沉迷。例如：Keichel 就划分出“幸福快乐型工作沉迷”与“机能障碍型工作沉迷”③；Naughton 划分出“好的工作沉迷”与“坏的工作沉迷”④。目前，工作沉迷最广泛的研究框架是以工作卷入度（致力于工作，并为工作花费大量的时间）、内驱力（受内部压力的驱使强迫自己工作）和工作乐趣（工作是令人高兴与满意的）为基础元素的工作沉迷组合⑤。不同元素之间的组合，产生了工作沉迷的不同类型，如表 2 – 3 – 1 所示：

---

① Korn E R, Pratt G J, Lambrou P T. Hyper – performance: The A. I. M. strategy for releasing your business potential [M] . New York: John Wiley, 1987.

② Perperl M, Jones B. Workaholics and overworkers: Productivity or pathology [J] . Group and Organization Management, 2001: 26 (3), 369 – 393.

③ Keichel W. The workaholic generation [J] . Fortune, 1989, 119: 50 – 62.

④ Naughton T J. A conceptual view of workaholism and implications for career counseling and research [J] . Career Development Quarterly, 1987, 35 (3): 180 – 187.

⑤ Spence J T, Robbins A S. Workaholism: Definition, measurement, and preliminary results [J] . Journal of Personality Assessment, 1992, 58 (1): 160 – 178.

表 2-3-1 工作沉迷类型划分

工作沉迷	工作卷入度	内驱力	工作乐趣
不热情型	高	高	低
热情型	高	高	高
热衷型	高	低	高

工作沉迷概念界定的不一致，导致为区分工作投入与工作沉迷的异同带来了困难，但仍可以从如下两个角度了解两者的关系。

其一，如果将工作沉迷视为一种类似于成瘾的不良心理状态，同工作投入的区别则显而易见。因为工作投入无论从外在表现，还是在内部动机上，都是一种积极的心理状态。虽然工作投入者和工作沉迷者都努力工作，并忠于他们所效力的组织，在表现上较为相像，但是工作投入者在工作中并不受强迫式的内驱力所驱使，他们努力工作是出于对工作的热爱，对其来说工作本身是一种乐趣，并非对工作成瘾。近期的一项研究证实，工作投入和工作成瘾几乎不存在相关①。

其二，如果将工作沉迷视为积极的，或是同时兼具好与不好两种特性，则与工作投入有着异曲同工之妙。工作投入者具有活力感，与工作保持着有效的联结，并能够很好地处理工作要求。积极的工作沉迷者同样表现出热情、兴趣、热爱工作、

① Schaufeli W B, Taris T W, Van Rhenen W. Workaholism, burnout, and work engagement: Three of a kind or three different kinds of employee well - being [J]. Journal of Applied Psychology, 2008, 57 (2): 173 -203.

极力避免家庭 - 工作冲突，是“快乐的努力工作者”①。但是仍然不能将工作投入等同于工作沉迷，原因在于工作投入者除了在工作中充满热情、积极奉献、主动融入外，还在心理和社会性方面保持良好的状态，但这对于“快乐的努力工作者”是非常罕见的。对于多数的工作沉迷者来说，对工作的努力与忠诚是以牺牲自身的心理健康和工作以外的社会交往为代价的。也就是说，工作投入者越发努力工作，就会有越高的绩效和越多的幸福感，虽然工作沉迷也与努力工作以及高绩效相关，但是仅仅感受到一时的工作乐趣并不代表真正的心理幸福感以及令人满意的社交关系。从这个角度看，工作沉迷始终都带有不可避免的消极性，而工作投入却是完整的积极心理状态。

1.4.2 工作投入与工作卷入度、组织承诺

自从 Allport 于 1943 年第一次提出工作卷入，并把自我卷入作为一种工作态度伊始，已有千余篇以工作卷入为主题的文章出现在 PsychINFO 数据库中。尽管如此，对工作卷入的概念界定和操作性定义，依旧十分混乱。通过整理不难发现，目前对工作卷入的研究主要存在两种主要取向：一种集中研究工作怎样影响个体的自尊；另一种集中研究工作怎样帮助个体树立同一性。Kanungo 指出，工作卷入应定义为个人对目前工作的

---

① Buelens M, Poelmans S A Y. Enriching the Spence and Robbins' typology of workaholism: Demographic, motivational and organizational correlates [J]. Journal of Organizational Change Management, 2004, 17 (5): 440 - 458.

一种心理认知或信念状态①。Brown 在此内涵的基础上，进行了外延的元分析，认为工作卷入者具有如下特征：认为工作具有激励性与挑战性；效力于组织、工作与工作任务，较少考虑到离职问题；具有密切的职业关系（如领导），因此接受反馈的机会较多②。

组织承诺是美国社会学家 Becker 于 20 世纪 60 年代提出的一个概念，用于反映个体与组织之间的心理契约③。三种承诺类型基本上概括了组织承诺的内容：一是感情承诺。员工对企业所表现的忠诚并努力工作，主要是由于对企业有深厚的感情，而非物质利益。二是继续承诺。员工为了不失去已有的位置和多年投入所换来的福利待遇，而不得不继续留在该组织内。三是规范承诺。受长期形成的社会责任感和社会规范的约束，员工为了尽自己的责任而留在组织内④。

工作投入代表着一种积极的心理状态，为工作付出大量的精力是其重要特征，但是同时也提及对工作的卷入度（表现为奉献、热情，从工作中获得灵感等），承诺（表现为对工作的依附，致力于工作）。工作投入同工作卷入、组织承诺一样，都反映了从业过程中积极的心理状态，并且在理论上相互参考。可以说，三者之间存在共性，但这种共性达不到使三者

① Kanungo R N. Measurement of job and work involvement [J]. Journal of Applied Psychology, 1982, 67 (3): 341 – 349.

② Brown S P. A meta – analysis and review of organizational research on job involvement[J]. Psychological Bulletin, 1996, 120 (2): 235 – 255.

③ Becker H S. Notes on the concept of commitment [J]. American Journal of Sociology, 1960, 66 (1): 32 – 40.

④ 凌文辁，郑晓明，张治灿，方俐洛. 组织心理学的新进展[J]. 应用心理学，1997，3 (1): 11 – 18.

完全重合的地步。

首先，有研究表明，工作卷入、组织承诺分别与个体的健康问题不存在关联或仅存在中等强度的关联，而工作投入却同职业健康显著相关①。实际上，工作投入是作为职业健康心理学研究领域中的一个概念而提出的，工作投入从狭义上反映了从业者在工作中的健康状况问题。这是工作投入区别于工作卷入和组织承诺的最明显特征。

其次，组织承诺强调从业者对组织的依赖，承诺更多地取决于工作特征，即外因占首要地位。工作卷入强调从业者对工作的心理认同程度，卷入更多地取决于个体因素，即内因占首要地位。相比较而言，工作投入不但强调工作资源对从业者工作投入的影响，同时也包含从业者自身对工作的积极投入。可以说，工作投入对个体与工作的关系进行了更复杂、更彻底的诠释。

此外，Kahn 曾指出工作卷入度和组织承诺是区别于工作投入的，并用形象生动的比喻加以说明。卷入度和承诺如同照片中静止的站姿，是静态的；而投入却像是动画片中持续运动的姿态，是动态的②。对前者的研究，固然可以了解当前情况下组织成员的工作状况，但都比较宽泛，很难描述员工在特定工作任务情境中的日常表现和体验过程。而工作投入则直接关

---

① Hallberg U H, Schaufeli W B. "Same Same" but different? Can work engagement be discriminated from job involvement and organizational commitment [J]. European Psychologist, 2006, 11 (2): 119 - 127.

② Kahn W A. Psychological conditions of personal engagement and disengagement at work [J]. Academy of Management Journal, 1990, 33 (4): 692 - 724.

注工作情境中某一特殊时刻组织成员的心理投入状况，是组织成员在任务执行过程中较为具体的自我展现。

1.4.3 工作投入与涌流

1990 年，Csikszentmihalyi 提出了“涌流”这一术语，也翻译成“流畅”，表示人们在活动中可能遇到的一种特殊体验①，是高度专注与愉快感觉相结合的综合体。涌流作为一种心理状态，描述人们紧张投入一项活动中，其他的事情变得不再重要，这种状态令人如此愉悦，以致人们不惜代价去从事此项活动。涌流也是一种高峰体验，经常出现在工作背景以外（如业余爱好等），当然也可能出现在生活的各个方面。当面对极富挑战性的工作时，有能力完成工作的从业者就会有涌流体验。当一个人的工作不受打扰时，当任务可以有多种多样的结果（包含使注意力集中于身体的重复运动时），涌流体验很有可能会发生。任务需要难度适中，这样才易于掌握，任务太容易就没有挑战性，容易产生厌倦，任务太难可能会让人产生挫折感。

虽然工作投入和涌流十分相像，但两者概念上的区别在于，工作投入是一种出现在工作领域的持续的心理状态，而后者代表了一种可以发生在生活各方面的短暂的高峰体验。

---

① Csikszentmihalyi M. Flow：The psychology of optimal experience［M］. New York，Harper & Row，1990.

2 测量

随着工作投入概念的提出，不同的工作投入测量工具得以编制与开发。其中处于主流位置的测量方法有三种取向，分别对应 Kahn、Colbert、Maslach 和 Schaufeli 对工作投入的可操作化定义。

2.1 基于 Kahn 角色理论的工作投入测量

Kahn 采用角色理论对工作投入进行建构，受到了部分美国本土心理学研究者的认同。以他的理论为基础，May 等人于 2004 年从认知、情感和生理三个角度出发，编制了一套由 13 个项目组成的工作投入问卷，每个维度分别对应 4，4，5 个项目①。这三个维度分别是：生理维度，如“我在工作中投入了大量精力”；情感维度，如“我对工作全心全意”；认知维度，如“工作时我如此专注以致忘记了周边的一切”。2006 年，Rich 在以工作投入的结构效度为研究主题的博士学位论文中，同样在 Kahn 理论的基础上，编制了工作投入量表（Job Engagement Scale，简称 JES），该量表采用探索性因素分析和验证性因素分析，确定了 JES 的 18 个项目。还通过对判别效度和会聚效度的分析，与工作满意度、工作卷入、内部动机进行

① May D R，Gilson R L，Harter L M. The psychological conditions of meaningfulness，safety and availability and the engagement of the human spirit at work [J]. Journal of Occupational and Organizational Psychology，2004，77 (1)：11 -37.

了比较①。虽然以 Kahn 理论为基础的工作投入测量工具目前应用得并不广泛，影响力也稍弱，但是较均匀地反映了生理投入、认知投入及情绪投入等三方面内容，为工作投入测量工具的编制提供了借鉴。

2.2 盖洛普工作调查

盖洛普公司的研究人员根据对 36 个公司的 7939 个焦点团体的上百万名员工的访谈结果，编制成“盖洛普工作调查”（Gallup Workplace Audit，GWA），用于测量员工的工作投入②。该调查表共 12 个项目，包括两个大类：一类用于测量态度性结果，包括满意度、自豪感及顾客服务意愿等，例如“在工作中，我每天都有机会做自己最擅长的事情”；另一类用于确认那些管理者可以控制的影响态度变量的因素，例如“我拥有做好自己的工作所需的材料和设备”。GWA 在实践领域得到了较为广泛的应用，测试结果表明，工作投入同离职意、客户满意度和收益率的相关系数分别为 -0.30，0.33 和 0.17③。2004 年，Colbert 等运用修订版的 GWA，测得工作投

---

① Rich B L. Job engagement：Construct validation and relationships with satisfaction，job involvement，and intrinsic motivation ［M］. Florida：University of Florida，2006.

② Harter J K，Schmidt F L，Hayes T L. Business - unit - level relationship between employee satisfaction，employee engagement，and business outcomes：A meta - analysis［J］. Journal of Applied Psychology，2002，87（2）：268 - 279.

③ Unhappy workers are unhealthy too. Gallup Management Journal. October 5，2005，from http：//gmj. gallup. com.

入同工作偏差（workplace deviance）呈负相关①。也有研究者认为，GWA 测的到底是不是工作投入，还值得商榷，它测得的结果，严格来讲，代表的是个体的工作满意度，而非真正意义上的工作投入②。

2.3 基于工作倦怠的工作投入测量

为了更准确地测量工作投入，Maslach 等研究者对 Maslach 工作倦怠量表（Maslach Burnout Inventory，MBI）的应用范围进行了拓展。也就是把原有的测量情感耗尽、讥消和低职业效能的条目采用反向计分的形式，用以测量工作投入所表现出的热情、参与和效能感程度③。即在情感耗尽、讥消上的低得分和在职业效能上的高得分代表高工作投入。Schaufeli 等学者认为使用同一测量工具，难以考察工作投入与倦怠之间的关系，因此开发了乌勒支工作投入量表（Utrecht Work Engagement Scale，UWES）④。该量表脱离了原有的工作倦怠测量限制，从活力、奉献、专注三个角度对工作投入加以测量。UWES 最初的版本包括 24 个项目，后经不断地测试与调试，删除了其

---

① Colbert A E，Mount M K，Harter J K，et al. Interactive effects of personality and perceptions of the work situation on workplace deviance [J]. Journal of Applied Psychology，2004，89（4）：599－609.

② 李锐，凌文铨. 工作投入研究的现状[J]. 心理科学进展，2007，15（2）：366－372.

③ Maslach C，Schaufeli W B，Leiter M P. Job Burnout [J]. Annual Review of Psychology，2001，52（1）：397－422.

④ Schaufeli W B，Salanova M，Gonzalez－Roma V，et al. The measurement of engagement and burnout：A two sample confirmatory factor analytic approach [J]. The Journal of Happiness Studies，2002，3（1）：71－92.

中7个项目，形成了目前应用范围最广的17个项目的版本。该量表分为员工版和学生版两种版本，因素结构在不同文化、不同职业群体中保持稳定，信度、效度良好，形成了规范化的研究。为了使UWES更为简洁、更易于测量，该量表编制者Schaufeli又对17项的UWES做了进一步的提炼，形成了简式UWES，共9个项目，依旧从三个维度加以测量。

3 研究动态

工作投入伴随着积极心理学的兴起而产生，从研究现状来看，目前有关工作投入的研究成果为数不少。研究者对工作投入的研究主要集中在两个大的方向：一是有关工作投入影响因素；二是有关工作投入的作用结果。

3.1 工作投入的影响因素

在工作投入的研究中，个体特质不可忽视。有研究证明，年龄、成长需要、道德观和工作理念影响到个体的工作投入①。年龄较大的从业者，多数持有努力工作的价值观，通常对工作更投入，这可能是因为他们有更多的机会承担责任和接受挑战。成长需要对工作投入的影响也很重要，实际上工作投入就是一种自我实现的过程，可以满足个体对工作成就感和意义感的需要。坚信尽职尽责的道德观和工作理念，同样对工作

---

① 时勘等译．工业与组织心理学——心理学与现代社会的工作［M］．第八版．北京：中国轻工业出版社，2004. 183.

投入起到激励作用。此外，从业者的核心自我评价①、自我效能感②、乐观③、积极情绪体验④等均会对个体的工作投入带来影响。

引起工作投入的原因中，家庭的影响也举足轻重。举例来说，无论把乐观的情感体验从家庭带到工作，抑或是把积极的工作态度从工作带到家庭，都会使从业者表现出较高的工作投入水平。换言之，生活中两个重要层面的情感传递与交互，对于从业者能否工作投入至关重要。有关双职工家庭的研究表明：在对工作和家庭要求加以控制的情况下，妻子对工作表现的活力与奉献，有助于提升丈夫对工作的积极与奉献；反之亦然⑤。也就是说，夫妻双方的工作投入水平，是相互影响、相互作用的。这种所谓的“传染性”将工作投入由夫妻双方的一方传递给另一方。与之类似，这种专注、愉悦的、发自内心的工作体验，同样可以在从业者之间传递。有趣的是，反映在工作投入中的“传染性”同样反映在工作倦怠上。工作倦怠在夫妻之间同样会相互传播，并且这种“传染性”已经在教

---

① Rich B L, Lepine J A, Crawford E R. Job engagement: Antecedents and effects on job performance [J]. Academy of Management Journal, 53 (3), 617–635.

② Ouweneel E, Schaufeli W B, Blanc P M L. Believe, and you will achieve: Changes over time in self-efficacy, engagement, and performance [J]. Applied Psychology: Health and Well-Being, 2013, 5 (2): 225–247.

③ Cotter E W, Fouad N A. Examining burnout and engagement in layoff survivors: The role of personal strengths [J]. Journal of Career Development, 2012, 40 (5): 424–444.

④ Ouweneel E, Blanc P M L, Schaufeli W B, et al. Good morning, good day: A diary study on positive emotions, hope, and work engagement [J]. Human Relations, 2012, 65 (9): 1129–1154.

⑤ Bakker A B, Demerouti E, Schaufeli W B. The crossover of burnout and work engagement among working couples [J]. Human Relations, 2005, 58 (5): 661–689.

育、医护、白领行业得到了证实①。

根据工作要求—资源模型，工作资源同工作投入呈正相关。究竟工作资源是否能够预测从业者工作投入的水平？Mauno 等采用纵向设计，以两年时间为跨度，考察了芬兰健康护理行业从业人员的工作投入状况。研究结果表明，在两年的时间里工作控制感始终影响从业者的工作投入水平，被研究者总体上表现出较高的工作投入，而且工作投入水平在随后的两年时间内保持相对平稳②。此外，工作投入越高，从业者利用休闲时间恢复精力的程度就越高，在接下来的工作中，表现得就越投入，对工作更具有主动性③。也就是说，工作投入者在拥有足够工作资源的情况下，能够积极地调动周边的工作资源，服务于工作。这表明工作投入和工作资源之间存在的是一种交互作用。此外，已有多项研究表明，积极领导力④⑤、绩

---

① Schaufeli W B，Salanova M. Work engagement：An emerging psychological concept and its implications for organizations［M］. In Gilliland S W，Steiner D D，Skarlicki D P（Eds）. Research in Social Issues in Management（Volume 5）：Managing Social and Ethical Issues in Organizations. Greenwich，CT：Information Age Publishers，2007.

② Mauno S，Kinnunen U，Ruokolainen M. Job demands and resources as antecedents of work engagement：A longitudinal study［J］. Journal of Vocational Behavior，2007，70（1）：149－171.

③ Sonnentag S. Recovery，work engagement，and proactive behavior：A new look at the interface between non－work and work［J］. Journal of Applied Psychology，2003，88（3）：518－528.

④ Tims M，Bakker A B，Xanthopoulou D. Do transformational leaders enhance their followers' daily work engagement［J］. The Leadership Quarterly，2013，22（1）：121－131.

⑤ 李永鑫，周海龙，田艳辉. 真实型领导影响员工工作投入的多重中介效应［J］. 心理科学，2014，37（3）：716－722.

效反馈①、社会支持②等都同工作投入呈正相关。可见，可利用的工作资源越多，从业者工作越发投入的可能性就越大。有关工作投入与工作资源正向相关的结论，也同样受到其他相关理论支持。由 Hackman 和 Oldham 提出的工作特征理论认为，一些特殊的工作特征，如技术多样化、自主度、能力反馈等能够激发工作潜能，带来积极的工作效果③。工作投入作为一种积极的工作态度，恰恰是个体工作潜能的挥发，工作效果的优化。自我决定论（self - determination theory）同样认为工作资源满足人类对于自主性、关联性等基本的需要④。对这些需要的满足，会提高个体的工作效率，从这个意义上理解工作投入，正是基本需要得到满足的一种表现。综上，工作资源的可利用性，增强了工作投入的程度，同时工作投入又促进了更积极组织行为的形成，这是一个潜在的互动过程。

3.2 工作投入的作用结果

工作投入可能带来的结果，包括以下几方面：

---

① Kataria A, Garg P, Rastogi R. Does psychological climate augment OCBs? The mediating role of work engagement [J]. The Psychologist - Manager Journal, 2013, 16 (4): 217 - 242.

② Kinnunen U, Feldt T, Siltaloppi M, et al. Job demands - resources model in the context of recovery: Testing recovery experiences as mediators [J]. European Journal of Work and Organizational Psychology, 2011, 20 (6): 805 - 830.

③ Hackman J R, Oleham G R. Work redesign [M]. Reading, MA: Addison - Wesley, 1980.

④ Ryan R M, Deci E L. Self - determination theory and the facilitation of intrinsic motivation, social development, and well - being [J]. American Psychologist, 2000, 55 (1): 68 - 78.

首先，工作投入有助于提升从业者的工作满意感①、生活满意度②、工作家庭增益和配偶的家庭满意度③。工作投入者组织承诺较强，较少有离职或变更工作的意向④。

其次，工作投入者在工作中充分表现出个人创新精神，积极主动的组织行为和强烈的学习动机。尤其重要的是，在工作资源和积极组织行为之间，工作投入起到了调节作用。研究发现，与那些不投入者相比，工作投入者经常加班工作⑤。

再次，工作投入者的工作绩效相对较高。Bakker 和 Bal 采用日记法对 54 名新入职教师进行的研究表明，日常工作投入可以明显地预测班级的学习成绩⑥。一项对宾馆饭店服务人员的调查表明，工作投入通过组织气氛，间接作用于服务质量与客户满意度。具体来讲，从业人员越发投入，组织气氛越佳，

---

① Alarcon G M，Edwards J M. The relationship of engagement，job satisfaction and turnover intentions [J]. Stress and Health，2011，27 (3)：294 – 298.

② Hakanen J J，Schaufeli W B. Do burnout and work engagement predict depressive symptoms and life satisfaction? A three – wave seven – year prospective study [J]. Journal of Affective Disorders，2012，141 (2 – 3)：415 – 424.

③ Bakker A B，Shimazu A，Demerouti E，et al. Work engagement versus workaholism：A test of the spillover – crossover model [J]. Journal of Business & Psychology，2014，29 (1)：63 – 80.

④ Demerouti E，Bakker A B，Janssen P P M，et al. Burnout and engagement at work as a function of demands and control [J]. Scandinavian Journal of Work，Environment & Health，2001，27 (27)：279 – 286.

⑤ Beckers D G J，Van der Linden D，Smulders P G W，et al. Working overtime hours：Relations with fatigue，work motivation，and the quality of work [J]. Journal of Occupational and Environmental Medicine，2004，46 (12)：1282 – 1289.

⑥ Bakker A B，Bal P M. How work engagement influences performance：A weekly diary study among starting teachers [H]. 2006.

工作绩效越高，则接受服务的客户越满意①。此外，Harter 等人采用范围较为宽泛的盖洛普测验，结果显示：员工的工作投入，与以部门为单位的绩效（如客户满意度、利润率、生产率、人员流动等）呈正相关。工作投入与有意义的业务成效之间存在很大程度的相关，对于许多企业来说是至关重要的②。随着研究的深入，研究者又考虑到工作投入不仅与角色内绩效的正相关，同时也会影响到角色外绩效的提升。因为角色外行为是不被岗位描述所指定，也不被正式的奖励系统所识别的积极自愿行为③。虽然角色外行为是一种积极的、自愿的、不属于职责范围内的行为，但它对组织有着重大的积极影响，其内涵与工作投入关联甚密。

总而言之，在工作投入形成、发展、演变的过程中，始终展现着一种特有的心理过程。这种心理过程是将工作资源、家庭环境和个体特质通过工作投入，作用于工作绩效、工作态度和身心健康，进而提升工作状态，促进各种因素和资源的进一步利用。

---

① Salanova M, Agut S, Peiró J M. Linking organizational resources and work engagement to employee performance and customer loyalty: The mediation of service climate[J]. Journal of Applied Psychology, 2005, 90 (6): 1217 - 1227.

② Harter J K, Schmidt F L, Hayes T L. Business - unit - level relationship between employee satisfaction, employee engagement, and business outcomes: A meta - analysis [J]. Journal of Applied Psychology, 2002, 87 (2): 268 - 279.

③ Bakker A B, Demerouti E, Verbeke W. Using the job demands - resources model to predict burnout and performance [J]. Human Resources Management, 2004, 43 (1): 83 - 104.

3.3 工作投入研究的不足与展望

通过以上对工作投入研究状况的详细回顾，可以对国内外工作投入的研究有一个大致了解。目前关于工作投入的研究，主要存在以下几方面问题：

首先，从概念运用来看。工作投入作为职业健康心理学研究中的核心概念，与原有的诸如工作卷入度、组织承诺、工作成瘾等概念，既存在诸多的相似之处，也有截然不同之处。但遗憾的是，在国内外相关研究中，仍然普遍存在概念误用的情况。许多研究者将工作投入与上述相关概念不加区别地使用，导致了工作投入研究边界的极度模糊，从而使工作投入这一概念成为无所不包的积极工作态度的代名词。如果对工作投入概念不加以澄清，必将阻碍工作投入研究的进一步发展。

其次，从研究方法来看。起初学界致力于工作投入的稳定性和特质性研究。Schaufeli 等指出，工作投入不是暂时的、具体的状态，而是更具持续性、弥漫性的情感－认知状态①。随着对工作投入研究的深入，涌现出针对工作投入短期波动的状态性研究。这种状态性研究视角与特质性研究视角不同，状态性研究视角假设工作投入在短期内可能会出现波动现象，在工作日水平有所不同。Schaufeli，Sonnentag 和 Bakker，Albrecht 和 Leiter 等均指出，关于状态性工作投入短期波动的研究，将有助于对工作投入概念的理解，并有助于提高从业者的工作投

---

① Schaufeli W B，Salanova M，Gonzalez－Roma V，et al. The measurement of engagement and burnout：A two sample confirmatory factor analytic approach［J］. Journal of Happiness Studies，2002，3（1）：71－92.

入水平①②③。目前，中国已有学者对状态性工作投入进行综述性探讨，而实证性的研究仍有待加强，对工作投入状态性与特质性研究视角的结合，仍需后续研究的不懈探索。

再次，从研究范围来看。工作投入的研究，在诸如荷兰、瑞典等欧洲国家发展比较迅速，初步形成了统一的研究范式和学术团队。而在中国、南非、日本等国家则处于起步阶段，部分学者对工作投入的界定、研究方法等进行了引进和验证，并初步达成了共识，但工作投入研究还有待于进一步完善和发展。

最后，从实际应用来看。如何将工作投入的研究理论、研究结果应用于健康的组织行为之中是十分必要和急需的。但关于如何提升从业者工作投入的干预性研究，几乎从未出现过。研究者至多只是从人力资源评估、工作设计、领导行为、培训和职业生涯发展等理论高度，对如何提升工作投入加以介绍和评价。如何将工作投入研究结果运用到实际当中，指导企业和组织提升员工的工作投入，必将成为今后工作投入研究的一个发展趋势。

总之，将工作投入作为工作倦怠的一个积极的相反状态来加以研究，通过提升对工作的投入程度，使人们远离工作倦

---

① Schaufeli W B. Work engagement. What do we know and where do we go [J]. Romanian Journal of Applied Psychology, 2012, 14 (1): 3 – 10.

② Sonnentag S. Research on work engagement is well and alive [J]. European Journal of Work and Organizational Psychology, 2011, 20 (1): 29 – 38.

③ Bakker A B, Demerouti E, Ten Brummelhuis L L. Work engagement, performance, and active learning: The role of conscientiousness [J]. Journal of Vocational Behavior, 2012, 80 (2): 555 – 564.

怠，是积极心理学和职业健康心理学研究思维对工作倦怠研究的一种理论启示。涉及具体操作和细化问题，尚需进一步的论证和更加成熟的探讨。

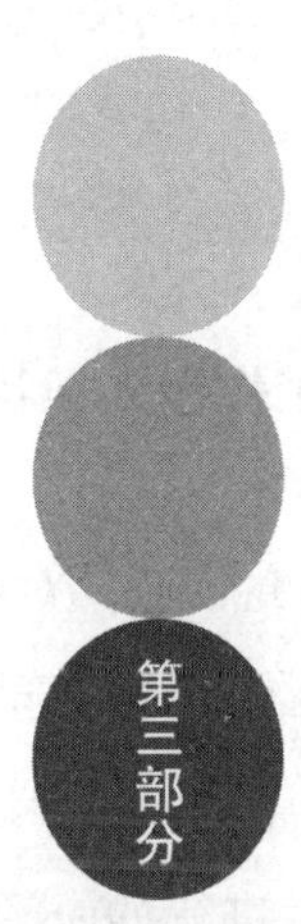

新生代企业员工工作倦怠与工作投入的生成模式研究

一、新生代企业员工工作倦怠与工作投入的状况及特点

1 职业群体工作倦怠与工作投入现状

在职业健康心理学研究领域，对医务人员、教师、警察、经理人、企业员工、IT 工作者等不同职业群体的相关调查表明，从业者的职业心理健康状况更多地与其职业特征相关。一项针对美国和荷兰从业者进行的，涵盖教育、社会服务、医疗、心理健康、法律五个行业的调查表明，除社会服务和心理健康领域，美、荷两国教育、医疗和法律行业中从事相同工作性质的从业者工作倦怠水平相似①。这从某种程度上表明，职业特征对从业者工作倦怠具有“专门化”影响。相关工作投入的研究也表明，由于职业性质不同，工作投入在各个职业群体中的表现有所不同。其中，管理者、法官、企业家和农民在工作投入上的得分相对较高；而蓝领工人、警察和家庭护理人员工作投入相对较低。不同群体在以积极、主动、具有奉献精神为标志的工作投入上能够产生如此巨大的差异，主要是由不

① Schaufeli W B, Enzmann D. The burnout companion to study and practice: A critical analysis [M]. Philadelphia: Talor & Francis, 1998.

同的职业特征造成的①。此外，年龄、性别、婚姻状况、教育程度等人口学因素对工作倦怠和工作投入的影响，也不可避免地造成了倦怠和投入的个性化差异。例如，Maslach 等人于 2001 年将影响工作倦怠的人口学因素总结为：年轻的从业者比年长的从业者更容易发生工作倦怠；未婚从业者比已婚从业者更容易发生工作倦怠；受教育程度低的从业者比受教育程度高的从业者更易于发生工作倦怠②。2007 年，Schaufeli 也总结了工作投入的人口学影响因素：工作投入同年龄呈正相关，具体而言，工作投入随着年龄的增长呈微弱上升趋势；工作投入同性别弱相关，相关系数不超过 0. 15③。

从全世界的范围来看，对工作倦怠和工作投入的研究是一个不断深化的过程。北美、欧洲、非洲、中东和澳洲对工作倦怠的研究相对较多，也比较深入。随着积极心理学研究不断向工作场所中渗透，工作投入已经成为职业健康心理学研究的核心命题，在以荷兰、英国为代表的欧洲国家，工作投入相关研究最为盛行。

在中国，对于工作倦怠的研究始于 20 世纪 90 年代，但在当时并没有引起过多关注，在中国知网检索，到 2000 年时仅有 10 余篇相关研究。伴随着工作场所职业压力所引发的“跳

---

① Schaufeli W B, Bakke A. B. , Salanova M. The measurement of work engagement with a short questionnaire: A cross – national study [J] . Educational and Psychological Measurement, 2006, 66 (4): 701 – 716.

② Maslach C, Schaufeli W B, Leiter M P. Job burnout [J] . Annual Review of Psychology, 2001, 52 (1): 397 – 422.

③ Schaufeli W B, Bakke A B, Salanova M. The measurement of work engagement with a short questionnaire: A cross – national study [J] . Educational and Psychological Measurement, 2006, 66 (4): 701 – 716.

槽”现象频发，以及员工身心健康问题的接连出现，工作倦怠的研究引起了越来越多研究者的兴趣，截至2005年9月，CNKI中工作倦怠研究成果已有百余篇。工作倦怠的研究对象由教师、护士、警察向新闻工作者、图书馆员等各个领域不断延伸。为了对国内从业者的心理状况有一个正确的认识，同时也为了解从业者产生工作倦怠的深层原因，2004年，中国人力资源开发网联合新浪网、《中国青年报》等国内众多知名媒体启动了中国“工作倦怠指数”调查。将近4000名从业者参与了此次调查，他们就自身的工作倦怠情况发表了看法。在受调查者中，约有70%在情绪衰竭、玩世不恭和成就感低落三个职业倦怠指标中占有一项，处于轻微工作倦怠；有39.2%在两项指标上出现工作倦怠，处于中度工作倦怠；有13%在三项指标上均出现工作倦怠，属于重度工作倦怠。其中政府公务员、教师、医护人员、企业员工等群体工作倦怠的检出率和严重程度尤高①。

新生代企业员工作为推动中国经济运行和发展的生力军，同老一代用工群体在人口学背景上存在较大差异。近年来，由于工作压力过大导致的过劳、自杀、暴力等事件在新生代群体中频发，帮助新生代企业员工走出工作倦怠困境，大幅度提升其工作投入水平，使新生代企业员工群体充分发挥工作热情和创新能力，已然成为个体、企业和政府乃至全社会都必须直面的话题。工作倦怠研究在于防治消极工作态度对工作和个体的损害，而积极心理学则关注积极心理状态增进从业者健康福祉。如何对积极的人力资源和心理能力加以测量、开发和利

---

① http：//www. chinahrd. net

用，进而改善工作绩效，保证组织健康成长，使得个体能够与企业、社会和谐永续发展，已成为职业健康心理学和产学两界所共同追求的目标。在整理、分析、探讨、评价前人研究成果的基础之上，有必要研究新生代企业员工如何应对压力，以及工作幸福感对其健康的影响。在具体探讨之前，研究拟对现阶段新生代企业员工工作倦怠和工作投入的现实状况和自身特点初步了解，并着重考察其发展特点，以及在性别、工龄、婚姻状况、职务等人口学变量上的差异。

2 新生代企业员工工作倦怠与工作投入测量

2.1 被试取样

研究分两次进行，分别为初次试测和正式测量。

在个别访谈、查阅文献档案资料以及借鉴不同职业群体员工工作倦怠和工作投入相关研究成果的基础上，以公务员、教师、图书馆员等职业群体为被试，进行工作倦怠问卷和工作投入问卷的初测。发放问卷150份，回收109份，有效问卷回收率为73%。

正式测量选取东北地区17家单位中1978年以后出生的新生代企业员工为被试，以抽样问卷调查为主，按管理、研发、生产、销售等分工部门的不同，共发放问卷1000份，回收问卷798份，问卷回收率为79.8%。为保证研究的有效性，淘汰有明显规律作答的问卷，在所回收的798份问卷中，得到648份有效问卷，有效问卷率为64.8%。为了便于分类、统计和进行微观、宏观研究，将被试员工按照性别、工龄、婚姻、职务等层面划分，并按照目前社会学界较为通行的社会调研方法，将被试员工按照劳动方式的不同，分为管理人员、技术人员和普通工人三个层次。由于涉及人格测试和人口学资料的填写，部分被试在这两部分的作答中有个别空选项，但是总体作答状况良好，因此对这部分被试的调查视为有效。

实证研究过程中，视具体的研究需要，将对这 648 份有效问卷进行更为严格的二次筛选。初次试测和正式测量的有效被试分布情况，如表 3－1－1，表 3－1－2 所示。

表 3－1－1　初测被试基本情况（n=109）

变量	水平	人数	有效百分比（%）
性　别	男	51	46.8
	女	58	53.2
工　龄	5 年以下	24	22.0
	5～10 年	31	28.4
	10～15 年	27	24.8
	15 年以上	27	24.8
婚姻状况	未婚	23	21.1
	已婚	85	78.0
	离异	1	0.9
单位性质	政府机关	42	38.5
	事业单位	54	49.5
	国有企业	5	4.6
	私营企业	2	1.8
	其他	6	5.5

表 3-1-2　正式测量被试基本情况（$n=648$）

变量	水平	人数	有效百分比（%）
性　别	男	452	69.8
	女	182	28.1
	缺失	14	2.2
工　龄	5 年以下	244	37.7
	5～10 年	94	14.5
	10～15 年	90	13.9
	15 年以上	195	30.1
	缺失	25	3.9
婚姻状况	未婚	221	34.1
	已婚	395	61.0
	离异	14	2.2
	其他	4	0.6
	缺失	14	2.2
职　务	管理人员	174	26.9
	技术人员	281	43.4
	工人	176	27.2
	缺失	17	2.6

2.2 马氏工作倦怠问卷与乌勒支工作投入问卷

工作倦怠问卷（Maslach Burnout Inventory – General Survey，简称 MBI – GS，也称马氏工作倦怠问卷），由 Maslach 等学者编制，是目前测量工作倦怠应用最广泛的自陈问卷①。一项大规模跨国跨行业的工作倦怠系统研究发现，MBI – GS 中的第 13 题“我只想做我的工作而不被打扰”影响了量表的内部一致性系数，删除此项目之后，克伦巴赫 a 系数达到 0.70 以上②。这可能是因为此项目含义的模棱两可造成的：一方面，此项目上的得分高，可能意味着个体在工作中封闭自己，拒绝和他人接触，而导致工作倦怠的产生；另一方面，此项目上得分高，也可能表明个体在工作中全神贯注，不想被打扰，从而表现出很强的工作动机与工作投入。第 13 题的模糊特征，还表现为被多项研究所证实的过高的标准差。例如，在 Schutte 的研究中此项目的方差达到 2.22③。代表离散程度的方差越高，则表明该项目离散程度越高，因而代表性越低。第 13 题的模糊特征，还造成了该项目的缺失值高于其他任何项目，过高的缺失值同样显示了被试对该项目的理解程度较低。

---

① Maslach C，Schaufeli W B，Leiter M P. Job burnout［J］. Annual Review of Psychology，2001，52（1）：397 – 422.

② Schutte N，Toppinen S，Kalimo R，et al. The factorial validity of the Maslach Burnout Inventory – General Survey（MBI – GS）across occupational groups and nations［J］. Journal of Occupational and Organizational Psychology，2000，73（1）：53 – 66.

③ Schutte N，Toppinen S，Kalimo R，et al. The factorial validity of the Maslach Burnout Inventory – General Survey（MBI – GS）across occupational groups and nations［J］. Journal of Occupational and Organizational Psychology，2000，73（1）：53 – 66.

此外，还有研究发现第 13 题因素负荷最低①。因此，许多国家的研究者在对工作倦怠问卷进行修订过程中，都删除该题予。

近年来，中国工作倦怠研究发展迅速，MBI - GS 在国内具体应用过程中得到了进一步的修订和完善，包括情感耗尽、讥诮和低职业效能三个子量表，分别包含 5、4、6 个项目②。原修订问卷采用李克特 5 点计分法，由于原版本的MBI - GS采用 7 点计分法，为了便于跨文化比较，所以仍需要保持原版本的 7 点计分方法。初测对 MBI - GS 进行了考察，探索性因素分析结果表明，各项目都落入设想维度。因为正式测量使用的样本容量比初测样本大得多，且被试也与初测不同，所以有必要对正式测量问卷再次进行验证性因素分析，以进一步验证其内部结构。使用 AMOS 5.0 对探索性因素分析结果进行验证性因素分析，具体如下：

表 3 -1 -3　工作倦怠问卷验证性因素分析各指数拟合结果（n =594）

模型	χ^2/df	p	*GFI*	*AGFI*	*NFI*	*IFI*	*TLI*	*CFI*	*RMSEA*
三因素	5.826	0.000	0.898	0.859	0.890	0.907	0.887	0.906	0.090

① Schaufeli W B, Leiter M P, Kalimo R. The General Burnout Questionnaire. Cross - national development and validation [C]. Paper presented at the APA/NIOSH Congress Work, Sress and Health, Creating Healthier Workplaces, Washington DC, 1995.

② 李超平，时勘. 分配公平与程序公平对工作倦怠的影响[J]. 心理学报，2003，35 (5)：677 -684.

目前比较通用的拟合优度统计量的标准认为：χ^2/df 大于 10 表示模型很不理想，小于 5 表示模型可以接受，小于 3 则表示模型较好；*NFI*、*IFI*、*TLI*、*CFI* 应大于或接近 0.90，越接近 1 越好。Steiger 认为，*RMSEA* 低于 0.1 表示好的拟合；低于0.05 表示非常好的拟合；低于 0.01 表示非常出色的拟合①。

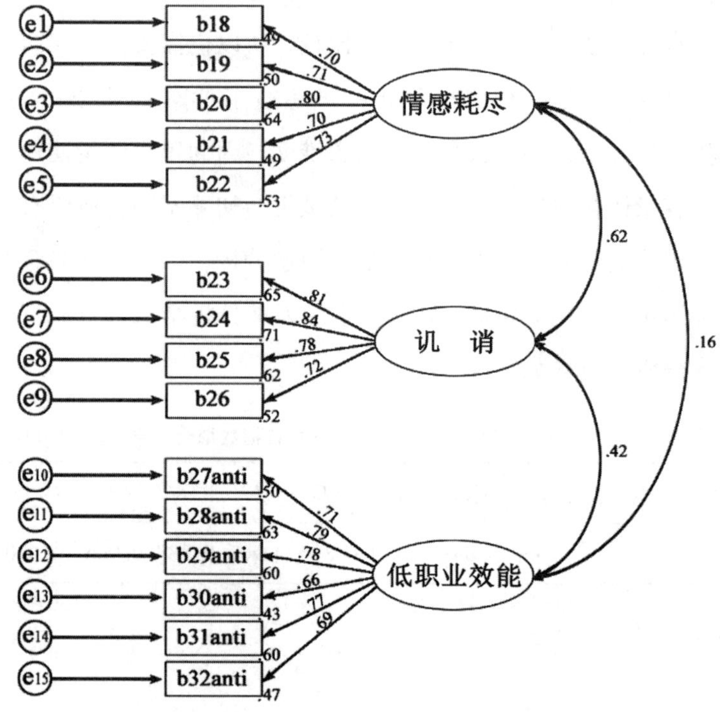

图 3－1－1　工作倦怠问卷验证性因素分析模型

① Steiger J H Structural model evaluation and modification: An interval estimation approach [J] . Multivariate Behavioral Research, 1990, 25 (2): 173－180.

从表3－1－3可以看出，工作倦怠问卷验证性因素分析指数拟合结果中的χ^2/df大于5，*CHI*本身是一个重要的指数，而且大多数指数都是*CHI*的函数。但当N比较大时，*CHI*检验被认为不好，因为*CHI*会随N的增大而不断增大，结果是任何模型都会被拒绝。*CHI*只是近似服从χ^2分布，所以如何选择显著性水平对检验结果很重要。温忠麟等在临界值与N和自由度都有关的观点基础上，突破显著性水平为0.05或0.01的限制，提出了结构方程模型检验的卡方准则①。指出卡方准则的显著性水平是N≤150时，$\alpha=0.01$；N＝200时，$\alpha=0.001$；N＝250时，$\alpha=0.0005$；N≥500时，$\alpha=0.0001$。建议在N＜1000时才使用卡方准则。如果按照卡方准则，解释工作投入问卷验证性因素分析指数拟合结果中的χ^2/df问题，需要同时看显著性水平p，但是受AMOS运行结果只精确到小数点后3位的影响，无法确定显著性水平是否大于0.0001（N≥500）。所以在χ^2/df显著性未知的情况下，单纯地因为χ^2/df大于5就认定模型不可接受，是武断的。当然χ^2/df值大于5，也可能说明模型尚需改进，但是验证性因素分析受理论驱动，而非受数据驱动，所以内容效度同样是非常重要的。在三因素模型基本达到标准的前提下，修订后的工作倦怠问卷应尽量保持内容一致性较好，文化差异性不大，以此推动不同国家工作倦怠的跨文化比较研究。从图3－1－1可以看出，工作倦怠问卷验证性因素分析所得到的三因素模型，是比

① 温忠麟，侯杰泰，马什赫伯特．结构方程模型检验：拟合指数与卡方准则[J]．心理学报，2004，36（2）：186－194.

较理想的。

工作投入问卷（Utrecht Work Engagement Scale，简称UWES，也称乌勒支工作投入问卷），是目前测量工作投入应用最广泛的自陈问卷，已经被翻译成17种语言加以应用（包括中国甘怡群等翻译的UWES中译本），并且创建了国际UWES测量数据库。目前，数据库中收集了来自世界各地30000多员工的工作投入测量记录。Schaufeli等研究者们通过对投入水平较高的员工进行访谈，将工作投入问卷划分为热情、奉献与专注等三个维度①。其中1、4、8、12、15、17测量热情维度，共6题；2、5、7、10、13测量奉献维度，共5题；3、6、9、11、14、16测量专注维度，共6题。问卷采用李克特7点记分方法。

考虑到该问卷为修订版，准备在大样本群体中对其结构进行验证性因素分析。初测对UWES进行了考察，发现1、6、14、17在探索性因素分析时没有落入相应维度。在参考现有中译本UWES的基础上，对1、6、14、17的措辞进行再译、回译。后对正式测量问卷进行验证性因素分析，具体结果如下：

① Schaufeli W B，Salanova M，González – Romá V，et al. The measurement of engagement and burnout：A two sample confirmatory factor analytic approach [J]. Journal of Happiness studies，2002，3（1）：71 –92.

表 3－1－4　工作投入问卷验证性因素分析各指数拟合结果（$n=594$）

模型	χ^2/df	p	GFI	$AGFI$	NFI	IFI	TLI	CFI	$RMSEA$
三因素	6.683	0.000	0.852	0.804	0.841	0.862	0.837	0.861	0.098

从表 3－1－4 可以看出，工作投入问卷验证性因素分析各指数拟合结果除 χ^2/df 稍高，基本达到标准。

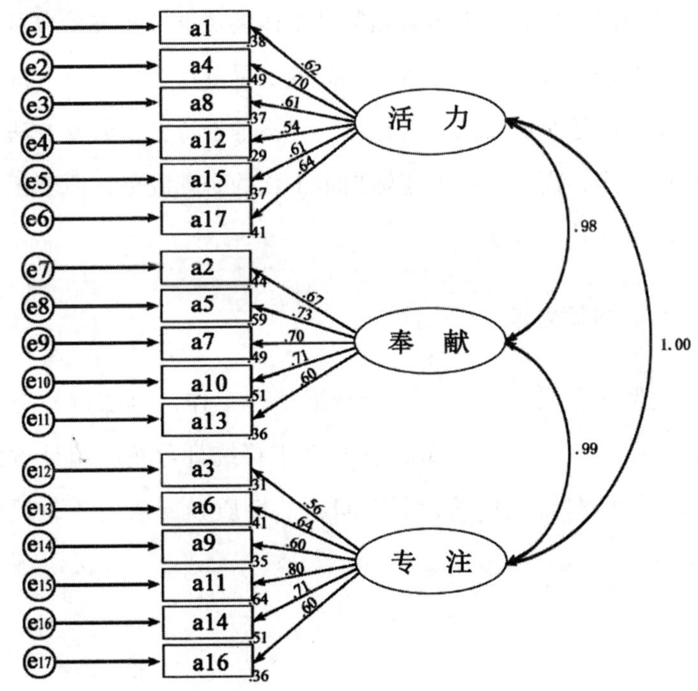

图 3－1－2　工作投入问卷验证性因素分析模型

从图 3－1－2 可以看出，工作投入问卷验证性因素分析模型中的三个潜变量——活力、奉献、专注相关较高，这与以往研究结果相一致。UWES 研发者 Schaufeli 指出，根据研究目的不同，研究者既可从工作投入的三个维度出发，对工作投入的具体表现进行细化研究；也可以从工作投入的总分出发，对工作投入的整体表现进行概括化研究①。

表3－1－4和图3－1－2反映了对工作投入问卷进行验证性因素分析过程中，存在两个比较有争议且比较普遍的问题——χ^2/df大于5和潜在变量活力、奉献、专注相关较高的问题。虽然上述问题可以通过删除个别题目或允许误差项相关等途径解决，但在优度拟合指数基本达到要求及相关系数可以解释清楚的情况下，站在理论的高度，尽量保持模型的合理性和复验性，还是必要的。这样做，并不等于背弃了研究方法本土化的原则，而是为了便于输出本土化的研究成果，便于工作投入的跨文化比较研究。

2.3 数据处理

测量问卷收回后，先进行数据整理工作，再依据研究假设，应用SPSS13.0和AMOS 5.0来进行统计分析。统计方法的选择是根据研究目的、研究问题的性质和变项的测量尺度而定。

---

① Schaufeli W B, Bakke A B, Salanova M. The measurement of work engagement with a short questionnaire: A cross－national study [J]. Educational and Psychological Measurement, 2006, 66 (4): 701－716.

3 新生代企业员工工作倦怠与工作投入测量结果

3.1 新生代企业员工工作倦怠和工作投入的总体状况

表 3 -1 -5　新生代企业员工工作倦怠和工作投入的描述统计

项目	*M*	*SD*	*n*	*Item*
情感耗尽	0. 4120	0. 18911	648	5
讥消	0. 3047	0. 21224	648	4
低职业效能	0. 2857	0. 18450	648	6
总倦怠	0. 3328	0. 14321	648	15
活力	0. 5860	0. 17805	648	6
奉献	0. 6183	0. 19361	648	5
专注	0. 6070	0. 18689	648	6
总投入	0. 6029	0. 17267	648	17

从表 3 -1 -5 可以看出，新生代企业员工工作倦怠整体水平偏低，工作投入整体呈中上水平（中间值为 0.5）。其中，情感耗尽、讥消和低职业效能均低于中间值，情感耗尽稍接近中间值；活力、奉献和专注均高于中间值，以奉献最高。

3.2 不同人口学特征的新生代企业员工工作倦怠和工作投入的差异

为了考察新生代企业员工的人口学特征因素对工作倦怠和

工作投入的影响，首先以性别、工龄、婚姻状况和职务为分组变量，以工作倦怠和工作投入极差正规化总分为因变量，进行 2×4×4×3 的 MANOVA 分析。具体结果参见表 3－1－6。

表 3－1－6　MANOVA 整体检验结果摘要表

变异来源	工作倦怠		工作投入	
	df	*F*	*df*	*F*
工龄	3	3.404*	3	1.647
婚姻状况	3	4.577**	3	4.713**
性别×职务	2	3.076*	2	1.211
工龄×职务	6	2.836**	6	2.633**
婚姻状况×职务	4	1.551	4	3.940**
工龄×婚姻状况×职务	3	3.145*	3	0.901

注：$*p<0.05$；$**p<0.01$；$***p<0.001$

从表 3－1－6 针对全模型的初步统计结果显示：工龄、婚姻状况、性别与职务的交互作用，工龄与职务的交互作用，工龄、婚姻状况与职务的交互作用都对工作倦怠具有显著影响；婚姻状况，工龄与职务的交互作用，婚姻状况与职务的交互作用都对工作投入具有显著影响。

3.2.1 不同人口学特征的新生代企业员工工作倦怠的差异

3.2.1.1 不同工龄、不同婚姻状况的新生代企业员工工作倦怠的差异

对不同工龄、不同婚姻状况的新生代企业员工工作倦怠极

差正规化得分做单因素方差分析（方差齐性检验结果显示方差均为齐性，因此事后检验采用 LSD 法），具体结果参见表3－1－7。

表 3－1－7　不同工龄、婚姻状况新生代企业员工工作倦怠的差异

	变异来源	n	$M \pm SD$	F
工作倦怠	工龄（5 年以下）	244	0.3476 ±0.13336	3.479*
	工龄（5～10 年）	94	0.3389 ±0.14138	
	工龄（10～15 年）	90	0.3080 ±0.14523	
	工龄（15 年以上）	195	0.3094 ±0.14879	
	婚姻状况（未婚）	221	0.3573 ±0.13948	3.995**
	婚姻状况（已婚）	395	0.3168 ±0.14172	
	婚姻状况（离异）	14	0.3063 ±0.13388	
	婚姻状况（其他）	4	0.3444 ±0.29606	

注：* $p<0.05$；** $p<0.01$；*** $p<0.001$

表 3－1－7 说明，新生代企业员工的工作倦怠在工龄和婚姻状况上均存在显著的主效应，经多重比较分析：5 年以下工龄的员工工作倦怠总分显著高于工龄 10～15 年的员工（$p<0.05$）和 15 年以上工龄的员工（$p<0.01$）。未婚员工工作倦怠总分显著高于已婚员工（$p<0.01$）。

3.2.1.2 性别和职务在工作倦怠上的交互作用分析

以性别和职务为自变量，在方差齐性前提下，以工作倦怠极差正规化得分为因变量，做方差分析，具体结果如下：

表3－1－8　性别与职务在工作倦怠上的交互作用及简单效应

变异来源	平方和	自由度	均方	F
性别	0.03	1	0.03	1.64
职务	0.02	2	0.01	0.44
性别×职务	0.13	2	0.06	3.13*
性别（管理人员）	0.03	1	0.03	1.28
性别（技术人员）	0.00	1	0.00	0.17
性别（工人）	0.17	1	0.17	8.28**
职务（男）	0.15	2	0.08	3.74*
职务（女）	0.04	2	0.02	0.89
单元内误差	12.52	620	0.02	

注：* $p<0.05$；** $p<0.01$；*** $p<0.001$

表3－1－8和图3－1－3分析结果显示：不同性别员工在职务的第三个水平，即工人水平上，工作倦怠差异显著。男性工人的工作倦怠水平显著高于女性工人工作倦怠水平（$p<0.01$）。

不同职务员工在性别的第一个水平，即男性水平上，工作倦怠差异显著。LSD事后检验表明，男性管理人员工作倦怠水平显著低于男性工人工作倦怠（$p<0.05$）。

3.2.1.3 职务、工龄和婚姻状况在工作倦怠上的交互作用分析

以职务、工龄和婚姻状况为自变量，以工作倦怠极差正规化得分为因变量做方差分析。表3－1－9和表3－1－10的分析结果显示：不同职务员工在工龄的第四个水平，即15年以上，工龄和婚姻状况的第二个水平，即已婚上，工作倦怠差异显著。

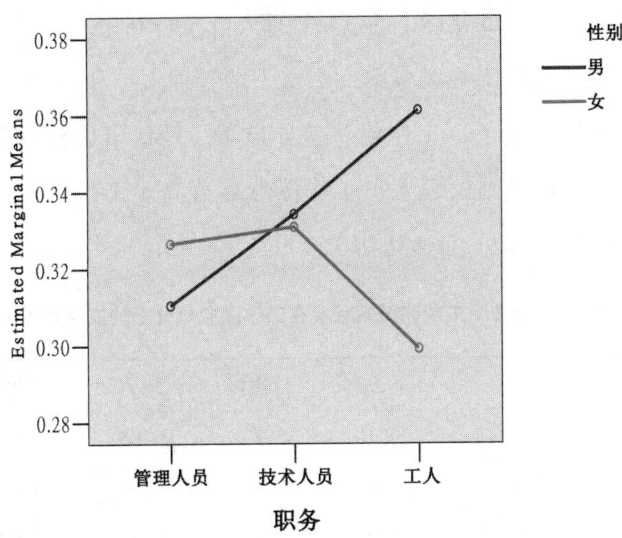

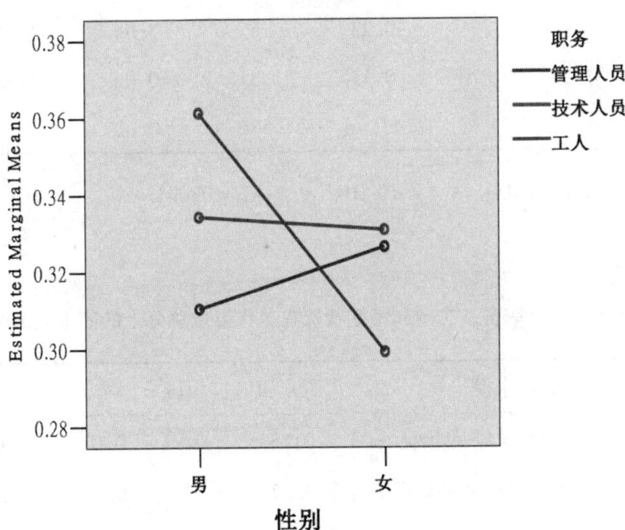

图3－1－3　性别与职务变量在工作倦怠上的交互作用图解

LSD 事后检验表明，工龄在 15 年以上的已婚技术人员的工作倦怠显著高于工龄在 15 年以上的已婚管理人员（$p<0.05$）。

不同工龄员工在职务第一个水平即管理人员和婚姻状况第二个水平即已婚上，工作倦怠差异显著。LSD 事后检验表明，在 5 ~ 10 年的已婚管理人员工作倦怠显著高于工龄在 15 年以上的已婚管理人员（$p<0.01$）。

表 3 -1 -9　职务、工龄和婚姻状况在工作倦怠总分上的交互作用分析

变异来源	平方和	自由度	均方	F
职务	0.10	2	0.05	2.60
工龄（15 年以上）	0.04	3	0.01	0.64
婚姻状况（已婚）	0.21	3	0.07	3.57*
职务 × 工龄	0.22	6	0.04	1.84
职务 × 婚姻状况	0.11	5	0.02	1.09
工龄 × 婚姻状况	0.23	5	0.05	2.31*
职务 × 工龄 × 婚姻状况	0.17	3	0.06	2.92*
组内	11.46	586	0.02	

注：$*p<0.05$；$**p<0.01$；$***p<0.001$

表 3 -1 -10　职务、工龄和婚姻状况在工作倦怠总分上的简单效应分析

变异来源	平方和	自由度	均方	F
职务 × 工龄（4）× 婚姻状况（2）	0.13	2	0.07	3.41*
工龄 × 职务（1）× 婚姻状况（2）	0.27	3	0.09	4.52**
组内	11.46	586	0.02	

注：$*p<0.05$；$**p<0.01$；$***p<0.001$

3.2.2 不同人口学特征的新生代企业员工工作投入的差异

3.2.2.1 不同婚姻状况的新生代企业员工工作投入的差异

对不同婚姻状况的新生代企业员工工作投入极差正规化得分做单因素方差分析，具体结果如表3－1－11。

表3－1－11　不同婚姻状况新生代企业员工工作投入的差异

	变异来源	n	$M \pm SD$	F
工作投入	婚姻状况（未婚）	221	0.5716 ±0.16613	4.195**
	婚姻状况（已婚）	395	0.6210 ±0.17015	
	婚姻状况（离异）	14	0.6282 ±0.21529	
	婚姻状况（其他）	4	0.5490 ±0.31688	

注：$*p<0.05$；$**p<0.01$；$***p<0.001$

表3－1－11说明，新生代企业员工的工作投入在婚姻状况上存在显著的主效应，经多重比较分析：未婚员工工作投入总分显著低于已婚员工（$p<0.01$）。

3.2.2.2 工龄和职务在工作投入上的交互作用分析

以工龄和职务为自变量，以工作投入极差正规化得分为因变量，做方差分析，具体结果如下：

表3－1－12　工龄与职务变量在工作投入上的交互作用及简单效应

变异来源	平方和	自由度	均方	F
工龄	0.44	3	0.15	5.08**
职务	0.12	2	0.06	2.10

续表

变异来源	平方和	自由度	均方	F
工龄×职务	0.40	6	0.07	2.32*
工龄（管理人员）	0.41	3	0.14	4.76**
工龄（技术人员）	0.02	3	0.01	0.20
工龄（工人）	0.36	3	0.12	4.11**
职务（工龄5年以下）	0.12	2	0.06	2.01
职务（工龄5~10年）	0.03	2	0.01	0.48
职务（工龄10~15年）	0.04	2	0.02	0.70
职务（工龄15年以上）	0.29	2	0.15	5.04**
单元内误差	17.51	603	0.03	

注：* $p<0.05$；** $p<0.01$；*** $p<0.001$

表3－1－12和图3－1－4结果显示，不同工龄员工在职务第一个水平和第三个水平上，即管理人员水平和工人水平上，工作投入差异显著。LSD事后检验表明：15年以上工龄的管理人员，在工作投入总分上显著高于5年以下工龄管理人员（$p<0.01$）。5年以下工龄工人，工作投入总分显著低于5~10年工龄工人（$p<0.05$），也低于10~15年工龄工人（$p<0.01$）。

不同职务员工在工龄的第四个水平，即15年以上，工作投入差异显著。LSD事后检验表明，在工作投入总分上，15年以上工龄管理人员显著高于15年以上工龄技术人员（$p<0.01$）。

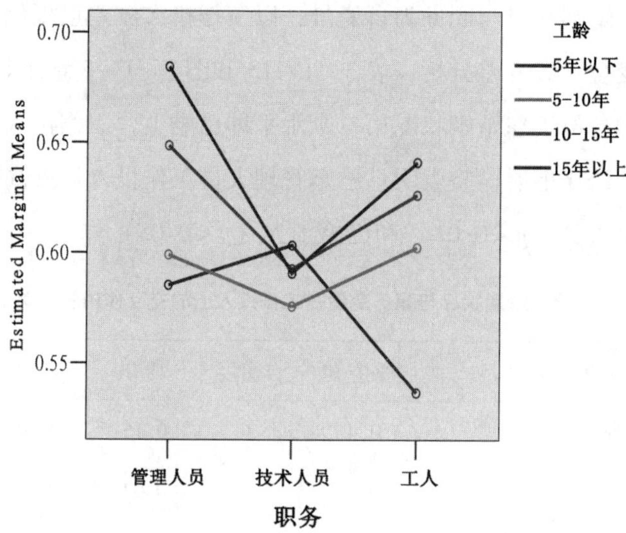

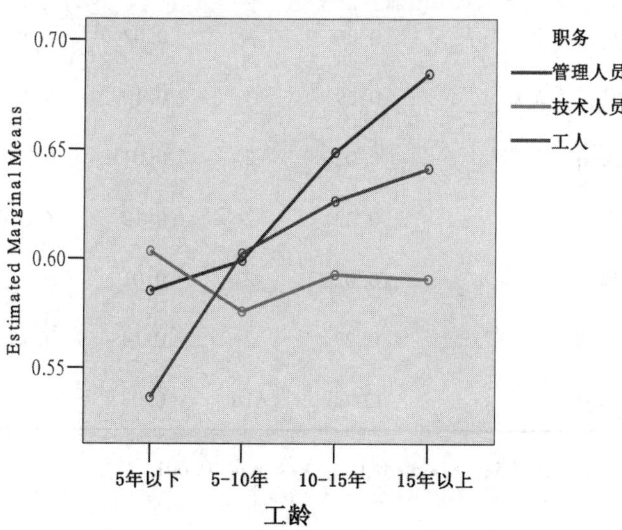

图3－1－4　工龄与职务变量在工作投入上的交互作用图解

3.2.2.3 婚姻状况与职务在工作投入上的交互作用分析

以婚姻状况与职务为自变量，以工作投入极差正规化得分为因变量，做方差分析，表3－1－13和图3－1－5结果显示，不同职务员工在婚姻状况第二个水平即已婚上，工作投入差异显著。LSD事后检验表明：已婚管理人员工作投入显著高于已婚技术人员（$p<0.01$）和已婚工人（$p<0.05$）。

表3－1－13 婚姻状况与职务变量在工作投入上的交互作用及简单效应

变异来源	平方和	自由度	均方	*F*
婚姻状况	0.46	3	0.15	5.38**
职务	0.15	2	0.07	2.55
婚姻状况×职务	0.37	5	0.07	2.59*
婚姻状况（管理人员）	0.44	3	0.15	5.11**
婚姻状况（技术人员）	0.06	3	0.02	0.66
婚姻状况（工人）	0.29	3	0.10	3.42*
职务（未婚）	0.02	2	0.01	0.34
职务（已婚）	0.23	2	0.12	4.05*
职务（离异）	0.02	2	0.01	0.37
职务（其他）	0.27	2	0.14	4.75**
单元内误差	17.66	616	0.03	

注：$*p<0.05$；$**p<0.01$；$***p<0.001$

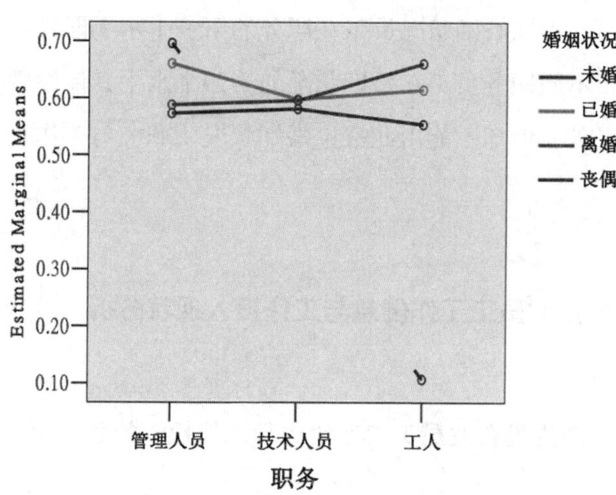

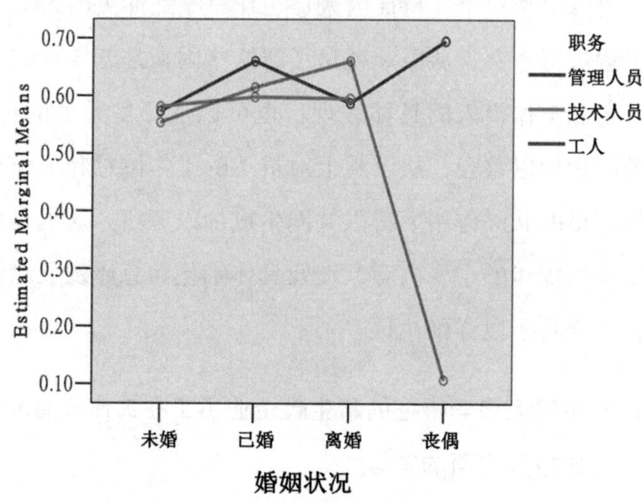

图3－1－5　婚姻状况与职务变量在工作投入上的交互作用图解

需要说明的是，由于离异和其他婚姻状况人数过少，虽然上表给出了不同婚姻状况员工在职务的第一个水平即管理人员水平上，不同职务员工在婚姻状况的第四个水平其他婚姻状况上差异显著，但却不能由此推论婚姻状况、职务与工作投入的关系。

4 新生代企业员工工作倦怠与工作投入现状分析

4.1 新生代企业员工工作倦怠和工作投入的总体状况

针对中国新生代企业员工的研究结果显示：工作倦怠整体水平偏低，工作投入整体呈中上水平。这说明中国新生代企业员工职业心理健康总体状况良好。产生这种状况的原因是多方面的。可以单独对个体特征因素、工作—家庭冲突因素、工作环境因素进行考察，从微观视角了解这些因素是怎样影响员工工作倦怠和工作投入的具体表现；也可以从环境共生的视角，将各种因素加以整合，从宏观上对员工的工作倦怠和工作投入在内外环境的共同作用下得以共同生成加以考察。这也是后续研究要加以探讨的主要内容，涉及具体细化和总体发展趋势的问题，下文将予以详细论证。

4.2 不同人口学特征的新生代企业员工在工作倦怠和工作投入方面的差异

由于受多种不可控客观因素的影响，不可能仅仅以 600 余名被试代表全部新生代企业员工。所以，有必要将此项研究定性为个案研究。通过分析不同人口学特征下新生代企业员工工作倦怠和工作投入的差异，其主要目的如下：首先，任何研究中人口学变量都是最直接、最基础的，也最能从客观上反映研究结果，所以针对人口学变量得出的研究结论，虽然可进行推广的外在效度不高，但仍能够大致反映真实情况的。其次，由于受到样本量的大小、样本代表性等因素的影响，运用逐步回归方法所获得的结果数据稳定性比较差，为了解决这个问题，层级回归近年来被引入心理学研究当中。层级回归的特色主要体现在层级上，即在预测因变量时，根据自变量之间的关系，将自变量分成多层。自变量的影响作用越是基础，其层级等级越高，层级高的自变量可能会影响层级低的自变量①。一般来说，人口学变量是层次更高的变量，在解释被预测的变量方面具有更高的优先级别，因此有必要在开始其他相关研究之前，考察哪些人口学变量对工作倦怠和工作投入产生影响。

需要说明的是，多因素方差分析在严格的实验设计中应用较为广泛，但是对人口学变量进行多因素方差分析是否适用，目前在学界存在一定的争议。虽然从本质上讲，多因素方差分析并不能真正证明变量间的因果关系，而且因变量之间的关系在统计分析过程中得不到控制，进而造成多因素方差分析和主效应分析存在细微差异，但是不可否认的是，多因素方差分析在人口学变量中的应用带有一定的探索性，从这种探索性的分析中，依然可以粗略地发现人口学变量对工作倦怠和工作投入

① 龙立荣．层级回归方法及其在社会科学中的应用［J］．教育研究与实验，2004，（1）：51－56.

施加作用的发展态势。

利用多因素方差分析，对不同人口学变量的新生代企业员工工作倦怠和工作投入加以考察，通过对上述结果加以整合，总结出以下规律：

其一，按照 Ginzberg 提出的个体职业选择阶段发展说来看，每个人都会经历对事业的幻想阶段、尝试阶段和现实阶段①。新入职的新生代企业员工基本处于职业选择的现实阶段。他们对工作充满各种企盼，但是工作中难免遭遇挫折，加之缺乏成熟的机制来应对各种刺激和影响，久而久之逐渐产生倦怠。但是随着工龄的增加，新生代企业员工处理问题的能力逐渐增强，在挫折中慢慢成长进而成熟，成为“吃苦耐劳的中年人”，因此，很可能在经历了时间和实践的考验后，走进“创造的年华”，从而远离倦怠，走向投入。

其二，关于性别的研究尚无定论，但以往研究表明，相对而言，男性倾向于对工作产生讥诮态度，而女性更倾向于情感耗尽②。男性工人的工作倦怠水平高于女性工人，这种情况的产生可能是由于男性工人对自身性别角色定位过高造成的，也可能是由于性别与工作分工冲突造成的，如从事繁重生产任务的多为男性，而从事细节性生产任务的多为女性。但在很多企业中，男性工人居多，因此，在工作任务的分工上，有些男性工人很有可能从事细节性生产任务。必须强调，这只是探索性的分析，性别对工作倦怠和工作投入的影响决不能轻易下定

① 林崇德．发展心理学[M]．杭州：浙江教育出版社，2002.421.

② Maslach C，Schaufeli W B，Leiter M P. Job burnout [J]. Annual Review of Psychology，2001，52（1）：397－422.

论，还需要更多的研究支持与探讨。

其三，正如 Erikson 在其人格发展阶段论中所指出的：成年早期的主要心理体验就是发展亲密感、体验爱情、避免孤独感。从发展心理学的角度来看，处于成年前期的未婚新生代企业员工面临的主要人生任务就是完成角色转换。如角色转换之一便是恋人角色的确立，进而走向婚姻。如果角色转换延迟或失败必然影响到其他角色的履行和完善，从这个意义上看，未婚新生代企业员工工作倦怠相对较高，而工作投入较低自然不难理解。已婚的新生代企业员工在完成角色转换的同时，也增加了更多的社会家庭义务。为了支付家庭必需开支，维持家庭生活正常运转，已婚新生代企业员工会更加努力工作，以换取更多的利益回报。

其四，管理人员、技术人员和工人在工作倦怠和工作投入上表现的差异，完全可以从社会化分工角度和社会地位角度加以理解。中国传统礼仪制度下的等级观念，虽然已经不被提倡，但依旧有所延续。加之近年来社会经济飞速发展，工人社会地位和经济地位下降。这都促成了不同职务新生代企业员工工作态度上的分化，这是一项非常有意义的心理学发现，也是非常值得关注的一种社会现象。

二、新生代企业员工个体特质与工作倦怠、工作投入的关系

1 个体特质与职业心理健康

工作倦怠是一种“职业病”，它既来源于工作，又影响人的工作准备状态，反作用于工作之中，进而破坏工作进展和结果，形成恶性循环。近年来，工作倦怠作为一种与工作相关的心理状态，受到了心理学界较多的关注。研究者从不同的视角对其加以研究，然而，非常有趣的问题在于，处在相同工作情境中，有的从业者身上表现出高度的工作倦怠，而有的从业者身上却没有表现出工作倦怠的迹象。这种情况同样适用于工作投入——工作倦怠的积极反向思考。为什么有的从业者在工作中高度投入，而有的从业者却毫不投入呢？无论是 Mcgregor 有关人性假设的 X 理论、Y 理论，还是 Schein 有关经济人、社会人、自我实现人、复杂人的假设①；抑或是“以人为本，以德为先”的东方管理文化精髓②，都始终把个体特质也就是“人”的问题，放在首要位置。人是管理要素中最关键、最基

① 俞文钊．管理心理学（简编）［M］．大连：东北财经大学出版社，2000. 17 – 35.

② 苏东水．管理心理学［M］．第四版．上海：复旦大学出版社，2002.

本的要素。作为职业健康心理学的重要研究命题，工作倦怠和工作投入研究不可避免地涉及个体特质因素对于从业者的影响与作用，因此需要考虑个体特质对从业者工作倦怠和工作投入分化状况的影响。

在国外，个体特质对从业者工作倦怠与工作投入的影响，已有一些重要的研究成果。例如，Maslach 等在对工作倦怠较为全面的回顾中指出：意志薄弱、低自尊、外控、采用逃避型应对方式的工作者，较容易受到工作倦怠的侵扰。而“大五人格”中的“神经质”维度、A 型人格、荣格人格类型中的“感觉型”等，都在不同程度上与工作倦怠表现出关联①。Schaufeli 等在《工作投入—— 一个新兴的心理学概念及其对组织的意义》一文中指出：人格、灵活性、自我效能感都同工作投入具有种种联系②。Xanthopoulou 等将自我效能感、基于组织的自尊和乐观作为最具代表性的三种个体特质，以此研究个体环境中员工的工作倦怠和工作投入③。Hobfull 也指出自我效能感、基于组织的自尊和乐观这三种资源，是构成个体适

① Maslach C, Schaufeli W B, Leiter M P Job burnout [J]. Annual Review of Psychology, 2001, 52 (1): 397 -422.

② Schaufeli W B, Salanova M. Work engagement: An emerging psychological concept and its implications for organizations [M]. In: Gilliland S W, Steiner D. D., Skarlicki D. P. (Eds). Research in Social Issues in Management (Volume 5): Managing Social and Ethical Issues in Organizations. Greenwich, CT: Information Age Publishers, 2007.

③ Xanthopoulou D, Bakker A B, Demerouti E, et al. The role of personal resources in the Job Demands - Resources Model [J]. International Journal of Stress Management, 2007, 14 (2): 121 -141.

应性的最基本的元素①。

在个体特质对工作倦怠的影响方面，中国学者也进行了为数不少的有益探索，例如：李永鑫等对教师进行施测，探讨了教师倦怠与自尊、心理健康和离职意向之间的关系，教师效能感与其工作倦怠之间的关系，教师工作倦怠与人格特征的关系②③④。蒋奖等通过对医护人员的调查，探讨工作倦怠与A型人格、控制点之间的关系⑤。有关个体特质作用和影响工作投入的研究，则尚需加强。

虽然以往研究者从不同的人格理论出发，采用诸如MMPI、16PF、EPQ等测量工具考查了人格与工作倦怠、工作投入的关系，但只说明有关联，并不能够解决实际问题。找出一种切实可行的办法，利用新生代企业员工个性差异，及时地对其是否倦怠和是否投入做出前瞻性预测，对其职业生涯规划做出指导，使其从事适合于自身状况的工作，预防工作倦怠的产生，加大工作投入，从而提升企业的生产效率，这具有重要的实践意义。为此，从新生代企业员工的个体特质角度出发，试以人格差异为主要内容，对高倦怠和非倦怠、高投入和非投入

---

① Hobfoll S E. Social and psychological resources and adaptation [J]. Review of General Psychology，2002，6（4）：307 -324.

② 李永鑫，高冬东，申继亮．教师倦怠与自尊、心理健康和离职意向的关系[J]．心理发展与教育，2007，（4）：283 -287.

③ 李永鑫，杨瑄，申继亮．教师教学效能感和工作倦怠的关系[J]．心理科学，2007，30（4）：952 -954.

④ 李永鑫，李艺敏．教师工作倦怠与人格特征关系[J]．中国公共卫生，2007，23（5）：527 -529.

⑤ 蒋奖，许燕，林丹瑚．医护人员工作倦怠与A型人格、控制点的关系研究[J]．心理科学，2004，27（2）：364 -366.

的员工进行区别，并采用多元统计中的判别分析方法，以新生代企业员工的个性特质为预测变量，以是否倦怠及是否投入为因变量，对新生代企业员工调查的样本数据进行判别分析。针对高倦怠组和非倦怠组、高投入组和非投入组的新生代企业员工，可以根据其显著个性特征，计算其被判归到所属类别的概率。

2 新生代企业员工人格特质的测评

2.1 被试

以东北地区 17 家单位的新生代企业员工为被试，共发放问卷 1000 份，回收有效问卷 648 份。由于部分被试对人格测试持保留态度，因此又对这些有效问卷进行二次筛选，最后保留 567 份。

2.2 艾森克人格问卷

艾森克人格问卷（Eysenck Personality Questionnaire，简称 EPQ）是由英国心理学家 Eysenck 等编制的一种自陈量表，是在艾森克人格调查表（EPI）的基础上发展而成。20 世纪 40 年代末开始制定，1952 年首次发表，1975 年正式命名。有成人问卷和儿童问卷两种，包括四种分量表：内—外倾向性量表（E），情绪性量表（N），心理变态量表（P）和效度量表（L）。有男女常模。P、E、N 量表的得分随年龄增加而下降，L 则上升。精神病人的 P、N 分数都较高，L 分数极高，有良好的信度和效度①。艾森克人格简式量表（EPQ－RSC）由钱铭怡等修订，共48个项目，均为是非题，分为内—外向、神经质、精神质和掩饰性四个分量表②。

2.3 数据处理

所有数据均录入SPSS 13.0进行统计处理。

3 个体特质作用下新生代企业员工工作倦怠与工作投入

3.1 新生代企业员工人格得分总体情况

表3－2－1 新生代企业员工人格得分与全国常模的比较（$M \pm SD$）

人格维度	全国常模	新生代企业员工	t
精神质	2.73±2.05	2.47±1.88	－3.345**
内—外倾向性	7.50±2.84	8.10±2.69	5.323***
神经质	4.42±2.95	4.74±3.08	2.508*
掩　饰	6.19±2.96	7.12±2.69	8.167***

注：$*p<0.05$；$**p<0.01$；$***p<0.001$

由表3－2－1可以看出，新生代企业员工在人格的各个维

① 车文博主编．当代西方心理学新词典[M]．长春：吉林人民出版社，2001.5.

② 钱铭怡，武国城，朱荣春，张莘．艾森克人格问卷简式量表中国版（EPQ－RSC）的修订[J]．心理学报，2000，32（3）：317－323.

度上都与全国常模存在显著差异。具体表现为，新生代企业员工在人格的精神质维度上的得分显著低于常模，在人格的内—外倾向性、神经质、掩饰维度上，新生代企业员工的得分显著高于全国常模。

3.2 工作倦怠和工作投入的初步分类

3.2.1 工作倦怠的分类

按照 Maslach 提出的划分方法①，将被试在工作倦怠各个维度上的得分由低至高依次排序。从最低分往高分，依次取分数分布全距 33.3% 的值为低分段的临界值；从最高分往低分，依次取分数分布全距 33.3% 的值为高分段的临界值。进而区分出情感耗尽、讥消、低职业效能的高、中、低三个水平的临界值。具体结果参见表 3－2－2。

表 3－2－2　工作倦怠的临界值

因素	低	中	高
情感耗尽	≤10	11～14	≥15
讥消	≤4	5～9	≥10
低职业效能	≤7	8～12	≥13

在工作倦怠各维度临界值的取值基础上，将工作倦怠区分为高倦怠组和非倦怠组。其中高倦怠组在情感耗尽、讥消和低

① Maslach C, Jackson S E. MBI: Maslach Burnout Inventory; Manual Research Edition [M]. Palo Alto, CA: Consulting Psychologists Press, 1986.

职业效能三个维度的得分都高于高水平的临界值；非倦怠组在情感耗尽、讥诮和低职业效能三个维度的得分都低于低水平的临界值。具体结果参见表3－2－3。

表3－2－3　高倦怠组和非倦怠组的划分及检出率

	高倦怠组	非倦怠组
情感耗尽	高	低
讥诮	高	低
低职业效能	高	低
检出人数	65	74
检出率	11.5%	13.1%

从表3－2－3可以看出：高倦怠组的检出人数为65人，占被试全体人数的11.5%；非倦怠组的检出人数为74，占被试全体人数的13.1%。

3.2.2 工作投入的分类

按照Schaufeli和Bakker提出的划分方法①，将被试在工作投入各个维度上的得分由低至高依次排序。从最低分往高分，依次取分数分布全距33.3%的值为低分段的临界值；从最高分往低分，依次取分数分布全距33.3%的值为高分段的临界值。进而区分出活力、奉献、专注的高、中、低三个水平

① Schaufeli W B，Bakker A B. The Utrecht Work Engagement Scale（UWES）：Test manual［M］. Utrecht，The Netherlands：Department of Social and Organizational Psychology. 2003.

的临界值。具体结果参见表 3 –2 –4。

表 3 –2 –4　工作投入的临界值

因素	低	中	高
活力	≤18	19 ~ 23	≥24
奉献	≤16	17 ~ 20	≥21
专注	≤19	20 ~ 23	≥24

在工作投入各维度临界值的取值基础上，将工作投入区分为高投入组和非投入组。其中高投入组在活力、奉献和专注三个维度的得分都高于高水平的临界值；非投入组在活力、奉献和专注三个维度的得分都低于低水平的临界值。具体结果参见表 3 –2 –5。

表 3 –2 –5　高投入组和非投入组的划分及检出率

	高投入组	非投入组
活力	高	低
奉献	高	低
专注	高	低
检出人数	134	117
检出率	23. 6%	20. 6%

从表 3 –2 –5 可以看出：高投入组的检出人数为 134 人，占被试总人数的 23. 6%；非投入组的检出人数为 117 人，占

被试总人数的20.6%。

3.3 人格变量对新生代企业员工工作倦怠与工作投入的判别分析结果

重点考察人格变量（内—外倾向性、神经质、精神质）与工作倦怠、工作投入的相关。并根据工作倦怠和工作投入的分类，按照人格变量（内—外倾向性、神经质、精神质）对新生代企业员工工作倦怠分组与工作投入分组进行判别分析，以建立新生代企业员工工作倦怠分组与工作投入分组的判别模型。

3.3.1 新生代企业员工人格变量与工作倦怠、工作投入的关系

表3-2-6 人格变量与工作倦怠、工作投入的偏相关

	内—外倾向性	神经质	精神质
工作倦怠	-0.247***	0.421***	0.291***
工作投入	0.348***	-0.262***	-0.243***

注：$*p<0.05$；$**p<0.01$；$***p<0.001$

从表3-2-6可以看出，工作倦怠同人格变量中的内—外倾向性呈负相关，同神经质和精神质分别呈正相关，且工作倦怠同人格变量各维度的相关均达显著水平；工作投入与人格变量中的内—外倾向性正相关，同神经质和精神质分别呈负相关，且工作投入同人格变量各维度的相关均达显著水平。

3.3.2 人格变量对工作倦怠的判别分析结果

表3-2-7 内—外倾向性、神经质、精神质对工作倦怠分组的判别分析摘要表

	标准化典型区别系数	结构系数
内—外倾向性	-0.109	-0.363
神经质	0.777	0.859
精神质	0.489	0.600

Wilks' λ = 0.622，x^2 = 64.397***，Eigenvalue = 0.608，Canonical Correlation = 0.615

从表3-2-7可以看出，内—外倾向性、神经质、精神质可以有效区分高倦怠组和非倦怠组。Wilks λ 为0.622，x^2 = 64.397（$p<0.001$），区别函数的特征值为0.608，典型相关系数为0.615。结合标准化典型区别系数和结构系数来看，神经质对倦怠分组预测效果最好（0.777），其次为精神质（0.489），再次为内—外倾向性（-0.109）。因此，与高倦怠组新生代企业员工相比，非倦怠组新生代企业员工不但在神经质和精神质上得分较高，同时还表现为在内—外倾向性特质上得分较低。

从表3-2-8交互验证法的结果可以看出，65名高倦怠组新生代企业员工中，49名被正确预测属于高倦怠组，正确判别率为75.4%；74名非倦怠组新生代企业员工中，62名被正确预测属于非倦怠组，正确判别率为83.8%。就总预测率而言，达到79.9%，高于先验概率50%的水平。

表3-2-8 工作倦怠分组正确率交叉表

工作倦怠分组	实际人数	预测准确人数（正确百分比）
高倦怠组	65	49（75.4%）
非倦怠组	74	62（83.8%）
总预测正确率=79.9%		

3.3.3 人格变量对工作投入的判别分析结果

表3-2-9 内—外倾向性、神经质、精神质对工作投入分组的判别分析摘要表

	标准化典型区别系数	结构系数
内—外倾向性	0.716	0.841
神经质	-0.409	-0.644
精神质	-0.301	-0.447

Wilks' λ = 0.728, x^2 = 78.697***, Eigenvalue = 0.374, Canonical Correlation = 0.522

从表3-2-9可以看出，内—外倾向性、神经质、精神质可以有效区分高投入组和非投入组。区别函数的Wilks' λ为0.728，x^2=78.697（$p<0.001$），区别函数的特征值为0.374，典型相关系数为0.522。结合标准化典型区别系数和结构系数来看，内—外倾向性对投入分组预测效果最好（0.716），其次为神经质（-0.409），再次为精神质（-0.301）。因此，与高投入组新生代企业员工相比，非投入组新生代企业员工不

但在内—外倾向性特质上得分较高，同时还表现在神经质和精神质上得分较低。

表 3－2－10　工作投入分组正确率交叉表

工作投入分组	实际人数	预测准确人数（正确百分比）
高投入组	134	104（77.6%）
非投入组	117	81（69.2%）
总预测正确率＝73.7%		

从表 3－2－10 交互验证法的结果可以看出，134 名高投入组新生代企业员工中，104 名被正确预测属于高投入组，正确判别率为 77.6%；117 名非投入组新生代企业员工中，81 名被正确预测属于非投入组，正确判别率为 69.2%。就总预测率而言，达到 73.7%，高于先验概率 50% 的水平。

4 新生代企业员工个体特质与工作倦怠、工作投入的关系分析

4.1 新生代企业员工人格得分总体情况

在对新生代企业员工人格得分的总体情况进行分析之前，有必要对 EPQ 四个维度的具体含义加以简要说明。E（内—外倾向性）：反映的是性格的内外向，分数低表示内向，分数越高越外向。N（神经质）：反映的是正常行为，分数低表示情

绪稳定，分数越高表示情绪越不稳定。P（精神质又称倔强性）：并非暗指精神病，它在所有人身上都存在，只是程度不同，高分者可能是孤独、难以适应外部环境，与他人不友好，喜欢干奇特的事情，并且不顾危险；低分者能与人相处，能较好地适应环境，态度温和，比较合群。L（掩饰）：反映被试掩饰、假托或自身隐蔽等情况，或者测定其社会朴实或幼稚水平，也是一个效度量表。

研究结果表明，新生代企业员工在人格的各个维度上，都与全国常模存在显著差异。具体表现为，新生代企业员工在人格精神质维度上的得分显著低于常模；在人格的外倾、神经质、掩饰维度上，新生代企业员工的得分显著高于全国常模。这个结果的表面意义可以这样理解：新生代企业员工能较好地适应环境，性格外向不稳定。但是这种理解，并不能精确到足以说明新生代企业员工的个体人格状况。由于人格特质具有个体差异性，个体在各个维度上的得分高低，与许多因素有关。不能片面强调人格得分的总体性而抹杀其独特性。此外，全国常模在人口比例上的分布，与新生代企业员工人口分布存在一定差异。因此对新生代企业员工人格得分总体情况，最好能够与全国新生代企业员工人格常模加以比较，这也是今后研究有待完善之处。

4.2 工作倦怠和工作投入的初步分类

长久以来，关于工作倦怠临界值的问题，一直是悬而未决的难题，而新近兴起的工作投入研究，也在寻找最佳的区组标准。发源于美国的工作倦怠研究和兴起于荷兰的工作投入研究，普遍使用的马氏工作倦怠问卷和乌勒支工作投入问卷，虽然都按照本土被试的得分情况，规定了适用于本土的区分标准，但是反映区分标准的临界值的适用性是必须考虑的。任何一种诊断标准在针对不同种群的使用过程中，必然存在水土不服的状况，工作倦怠的诊断和工作投入的确定也不例外。目前，世界各国中只有荷兰依据全国性的抽样调查，制定了较为科学的工作倦怠临界值，并将工作倦怠同抑郁一样作为一种心理疾病，确定了临床诊断标准①。工作投入虽未被列入临床诊断当中，但是 Schaufeli 和 Bakker 也相应地制定了荷兰工作人群的工作投入标准，并对工作投入人群和非工作投入人群加以鉴别②。

中国对工作倦怠临界值的划分标准各异，有采用中值划分方法的③，也有的直接采用马氏工作倦怠测量量表提供的诊断标准④。如李永鑫参照 Maslach 等人的方法，研制了工作倦怠的诊断标准，以耗竭分数大于 25、人格解体分数大于 11、成就感降低分数大于 16 为标准。在工作倦怠三个因素中，任何一个因素得分高于临界值的被试，被界定为轻度倦怠者；在其

① Schaufeli W B, Van Dierendonck Dirk. A cautionary note about the cross – national and clinical validity of cut – off points for the Maslach Burnout Inventory [J]. Psychological Report, 1995, 76 (2): 1083 – 1090.

② Schaufeli W B, Bakker A B. The Utrecht Work Engagement Scale (UWES): Test manual [M]. Utrecht, The Netherlands: Department of Social and Organizational Psychology. 2003.

③ 赵玉芳，毕重增．中学教师职业倦怠状况及影响因素的研究[J]．心理发展与教育，2003，(1)：80 – 84.

④ 李超平，时勘，罗正学等．医护人员工作倦怠的调查[J]．中国临床心理学杂志，2003，11 (3)：170 – 172.

中两个因素上得分都高于临界值的被试，被界定为中度倦怠者；将在三个因素上得分都高于临界值的被试，被界定为高度倦怠者。他还指出该标准可以在以后的研究中加以运用①。

由于工作投入研究出现较晚，有关工作投入划分标准的争议较为少见。在吸取前人研究成果的基础上，为了稳妥地对新生代企业员工的工作倦怠和工作投入加以划分，可以采取一种较为保守的划分方法。先区分出工作倦怠三个维度和工作投入三个维度的高、中、低三个水平的临界值；在各维度临界值的取值基础上，按照三个维度的得分都高于高水平的临界值，或是三个维度的得分都低于低水平的临界值，对工作倦怠和工作投入进行是非区组。这样的划分方法具有一定道理。首先，这种区组方法至少在倦怠组与非倦怠组、投入组与非投入组的鉴别上准确性高，误差相对较小。其次，可以为临床诊断提供更为直接、更为简洁的方法，划分过程简便快捷。再次，在对从业者进行干预之前，可以直观地对倦怠者和非倦怠者、投入者和非投入者进行鉴别，使干预对象和干预过程明确化、简单化。根据此种划分方法，对工作倦怠和工作投入进行初步分类，高倦怠组和非倦怠组的检出比例，分别是 11.5% 和 13.1%；高投入组和非投入组的检出比例，分别是 23.6% 和 20.6%。说明新生代企业员工在对待工作的态度上，还是具有一定差别的，依据其倦怠和投入的程度差异，表现出不同的区组。

---

① 李永鑫．三种职业人群工作倦怠的比较研究：基于整合的视角［D］．上海：华东师范大学学位论文，2005. 81.

4.3 人格变量对新生代企业员工工作倦怠与工作投入的判别分析结果

掩饰量表原本作为效度量表。L 分高，表示答得不真实，答卷无效。但后来的经验（包括 MMPI 的使用经验）说明，它的分数高低与许多因素有关，而不只是真实与否一个因素，例如年龄（中国常模表明，年幼儿童和老年人均偏高）、性别（女性偏高）因素。因此在以往研究中，较少探讨人格变量中的掩饰性与工作倦怠、工作投入存在的联系。基于此，研究主要探讨内—外倾向性、神经质、精神质与工作倦怠、工作投入的关系，并根据工作倦怠和工作投入的初步分类，按照人格变量对新生代企业员工工作倦怠分组与工作投入分组，进行判别分析，以建立新生代企业员工工作倦怠分组与工作投入分组判别模型。

相关分析和判别分析结果一致表明：内—外倾向性、神经质、精神质可以有效区分高倦怠组和非倦怠组，高投入组和非投入组。这一结论，可以从以下三方面加以理解。

其一，个体内在差异性或心理环境在较大程度上造就了个体从业过程中工作态度分化现象。从人格变量对工作倦怠的判别分析结果来看，神经质对倦怠分组预测效果最好（0.777），其次为精神质（0.489），再次为内—外倾向性（-0.109）。这是因为高神经质代表了情绪的不稳定性，高神经质的新生代企业员工通常会对工作压力产生较为强烈的反应，进而表现出焦虑、紧张等不良情绪；高精神质的新生代企业员工难以适应外部环境，较少有社会支持；内向型的新生代企业员工心理活动倾向于内部，交际被动、不喜欢刺激、注意力稳定难转移、反应缓慢、行为迟缓。如果在新生代企业员工身上，同时表现出上述几种人格特质，必定在无形中增加了工作倦怠的易感性。从人格变量对工作投入的判别分析结果来看，内—外倾向性对投入分组预测效果最好（0.716），其次为神经质（-0.409），再次为精神质（-0.301）。这是因为外向型的新生代企业员工心理活动倾向于表现为活泼开朗、充满热情，因此容易在工作中活力四射；低神经质的新生代企业员工在工作中心境平和、自控能力通常比较好；低精神质的新生代企业员工能较好地与同事相处，能较好地适应环境，态度温和，比较合群。这几种特质相结合必将预示着工作投入的产生。

其二，虽然以往有关工作倦怠、工作投入与人格的研究，已经发现了人格对倦怠或是投入的预测和影响，但是依据人格变量对倦怠和投入进行区组的研究则相当少见。因此，判别分析最大的特点，就在于它不仅仅停留在描述分类类型与各鉴别指标的关系上，还能够对未知分组类型的案例进行分组类型式的判别分析，从而带有预测的功能①。所以，可以通过建立判别函数来对新生代企业员工的工作倦怠和工作投入进行分组。在职业心理咨询过程中，可以通过分组，对倦怠的员工加以预防和治疗，对投入的员工加以激励与改善，进行宏观性指导。

其三，与非倦怠组新生代企业员工相比，高倦怠组新生代企业员工不但在神经质和精神质上得分较高，同时还表现为在

---

① 黄宁，辛涛，栗晓霞．儿童学校适应的分类及判定[J]．心理发展与教育，2007，(2)：57-62.

内—外倾向性特质上得分较低；与非投入组新生代企业员工相比，高投入组新生代企业员工不但在内—外倾向性特质上得分较高，同时还表现为在神经质和精神质上得分较低，且判别正确率较高。不单纯从判别正确率出发，而是从标准化判别系数来看，内—外倾向性、神经质、精神质对工作倦怠和工作投入的预测方向恰恰相反。据此，完全有理由认为，工作倦怠和工作投入在人格上表现出互为相反的两种心理状态。

三、新生代企业员工工作—家庭冲突与工作倦怠、工作投入的关系

1 工作—家庭冲突与职业心理健康

组织行为学有关组织压力的研究一致表明，适度的压力有利于工作效率的提高，但过度的压力则会对个体产生消极影响。面对工作带来的机遇与挑战，摆在从业者面前的不仅仅只有工作应激源一种。因为当今社会大多数80后从业者在工作和家庭两个层面中，同时扮演着双重的社会角色。在满足工作、家庭双重要求，履行工作、家庭双重责任的过程中，工作与家庭之间的冲突越发显现。如何在工作与家庭两者之间找到最佳平衡点，成为男性从业者和女性从业者都无法回避的问题。例如，Galinsky等人的研究发现，相当大比例（约40%）的从业者在处理工作与家庭关系问题上，感到力不从心①。产生于20世纪50～60年代的工作—家庭冲突（work－family conflict）研究，在现有的职业健康心理学研究领域是重要的研

① Galinsky E，Bond J T，Friedman D E. The changing workforce：Highlights of the national study［M］. New York：Families and Work Institute，2003.

究命题①。

工作—家庭冲突是指当来自工作和家庭两方面的压力，在某些方面出现难以调和的矛盾时，产生的一种角色交互冲突。由于工作任务或者工作需要，使得个体难以尽到对家庭的责任，或是因为家庭负担过重而影响工作任务的完成②。通常将工作—家庭冲突划分为工作侵扰家庭和家庭侵扰工作两种形式。通过文献整理发现，学者们对工作—家庭冲突前因变量的关注，主要集中于性别、压力源、社会支持等方面的研究。如吴谅谅等对浙江省杭州市职业女性进行工作—家庭冲突的调查研究，总结了现阶段职业女性工作—家庭冲突的状况，探讨了角色压力源与工作—家庭冲突的关系，分析了影响职业女性工作—家庭冲突程度的压力源是工作负荷、工作投入、配偶压力、家庭投入、家庭满足感③。谢义忠等也研究了工作属性、社会支持对电信员工工作—家庭冲突的影响④。宫火良等对工作—家庭冲突结果变量的研究表明，工作—家庭冲突会造成工作满意度下降、工作倦怠产生、精神健康水平下降等后果⑤。另外，早期一项对 50 个研究的元分析发现，工作—家庭冲突

① Yang N，Chen C C，Choi J，et al. Sources of work – family conflict [J]. Academy of Management Journal，2000，43：113 – 123.

② Greenhaus J H，Beutell N J. Sources of conflict between work and family roles [J]. Academy of Management Review，1985，10：76 – 88.

③ 吴谅谅，冯颖，范巍. 职业女性工作家庭冲突的压力源研究[J]. 应用心理学，2003，9（1）：43 – 46.

④ 谢义忠，曾垂凯，时勘. 工作家庭冲突对电讯人员工作倦怠和心理健康的影响[J]. 心理科学，2007，30（4）：940 – 943.

⑤ 宫火良，张慧英. 工作家庭冲突研究综述[J]. 心理科学，2006，29（1）：124 – 126.

与工作和生活满意度之间有负相关，工作—家庭冲突越严重，生活满意度的水平越低①。2000 年，Allen 等对 67 个研究的元分析表明，工作—家庭冲突通常伴随着诸如抑郁、身心问题、不断降低的婚姻满意度等严重后果②。唐芳贵等人的研究也证实，工作家庭冲突是教师职业倦怠的重要预测变量③。自从 Woodworth 提出把有机体作为刺激反应之间运行机制的 S－O－R 理论后，对中介变量的研究也开始增多，这在工作—家庭冲突的研究中表现得尤为明显。许多研究者纷纷把工作—家庭冲突作为一种中介变量加以研究，例如：荷兰的一项以四种职业群体为被试的研究，支持了工作—家庭冲突在工作负荷和一般健康状况之间起中介作用的结论④。谢义忠等调查了某国营电讯公司 526 名员工，结果显示：工作—家庭冲突对心理健康具有显著的负向影响；工作倦怠对工作—家庭冲突影响心理健康具有完全中介作用⑤。

有关工作—家庭冲突的前因变量以及后果变量的研究，加深了人们对工作—家庭冲突这一现象的认识。近年来，国内外

---

① Kossek E, Ozeki C. Work－family conflict, policies, and the job－life satisfaction relationship [J] . Journal of Applied Psychology, 1998, 83: 139－149.

② Allen T D, Herst D E, Bruck C S, et al. Consequences associated with work－to－family conflict: A review and agenda for future research [J] . Journal of Occupational Health Psychology, 2000, 5: 278－308.

③ 唐芳贵，彭艳．工作家庭冲突、控制感与中小学教师的职业倦怠[J]．中国临床康复，2006，10（46）：82－85.

④ Geurts S A E, Kompier M A J, Roxburgh S, et al. Does work－home interference mediate the relationship between workload and well－being [J] . Journal of Vocational Behavior, 2003, 63: 532－559.

⑤ 谢义忠，曾垂凯，时勘．工作家庭冲突对电讯人员工作倦怠和心理健康的影响[J]．心理科学，2007，30（4）：940－943.

有关工作—家庭冲突影响工作倦怠的研究取得初步进展，但大部分研究只将研究重点限定在工作—家庭冲突的负面影响上。一些学者为此提出异议，指出从业者同样可以从工作与家庭的有机结合中获得收益①②。充足的证据证明了这种观点的可行性和科学性，例如，Crosby 等人研究发现已婚并且育有子女的职业女性，与那些单身的职业女性或是已婚但没有子女的职业女性相比，表现出较高的工作满意感③。Moen 等人执行的一项经典的纵向研究表明，在 1956 年曾同时担当多种社会角色、积极参加各种工作的被试，至 1986 年时多数表现出良好的心理健康状况④。可以说，无论将工作—家庭冲突当作一种压力，还是当作一种紧张，或是当作一种压力结果，都反映了从业者社会角色的交融、汇合与冲突。从这个角度来讲，工作—家庭冲突是家庭社会环境的缩影。也正是这种家庭社会环境，长久以来一直对从业者的工作倦怠与工作投入有着不可忽视的影响，而且这种影响是一把双刃剑，其结果是错综复杂的。

虽然国外许多企业已经意识到工作—家庭冲突对员工工作状态的影响，并开始致力于各种方案的制定和工作计划的设计，力求帮助员工摆脱工作与家庭冲突的困扰，提升工作与家

① Hochschild A. The time bind [M]. New York: Metropolitan. 1997.

② Kirchmeyer C. Non work - to - work spillover: A more balanced view of the experiences and coping of professional women and men [J]. Sex Roles, 1993, 28: 531 - 552.

③ Crosby F. Relative deprivation and working women [M]. New York: Oxford University Press, 1982.

④ Moen P, Dempster - McClain D, Williams R M. Successful aging: A life - course perspective on women's multiple roles and health [J]. American Journal of Sociology, 1992, 97: 1612 - 1638.

庭幸福感，但其收效甚微①。与国外逐渐实行的部分工作日制、弹性工作时间等工作政策相比，中国国内企业也推行了诸如女性员工的生育照顾、员工幼年子女医疗和教育费用的少量补贴等工作政策，但可以说，仍然处于初级阶段②。因此，研究工作—家庭冲突影响员工职业健康和工作幸福感的发生发展机制，成为必要。工作—家庭冲突的性质和程度，取决于职业人群所拥有的独特群体特征。从人口学来讲，新生代企业员工是较为年轻的一个工作群体。那么，工作—家庭冲突在他们身上究竟怎样体现？新生代企业员工的工作—家庭冲突是否因分工与职务的不同而表现一定差异？不同程度的工作—家庭冲突在工作倦怠分组和工作投入分组上是否表现出一定的相关性？工作—家庭冲突能否初步的预测工作倦怠和工作投入的具体表现？这些都是需要探讨的问题。考察工作—家庭冲突为代表的家庭社会环境下，新生代企业员工的工作倦怠与工作投入状况，分析以工作—家庭冲突为代表的影响新生代企业员工工作倦怠与工作投入的家庭社会环境因素，以帮助企业制定、实施有效的工作家庭平衡制度，塑造和谐的劳资关系，并为最终构建和谐社会提供翔实论据。

---

① Soloman C. Work/family's failing grade：why today's initiatives aren't enough [J]. Personnel Journal，1994，73：72 -87.

② 陆佳芳，时勘，John J. Lawler. 工作家庭冲突的初步研究[J]. 应用心理学，2002，8（2）：45 -50.

2 新生代企业员工工作—家庭冲突测评

2.1 被试

以东北地区 17 家单位的新生代企业员工为被试，共发放问卷 1000 份，回收有效问卷 648 份。

2.2 工作—家庭冲突量表

工作—家庭冲突量表由 Gutek 等人编制，Carlson 和 Perrewé 补充①。国内该量表共包括 12 个项目，分为工作侵扰家庭和家庭侵扰工作两个子量表，各包含 6 个项目，要求被试回答其对于工作侵扰家庭和家庭侵扰工作相关情形的统一程度。问卷项目呈现形式为李克特 5 点量表，其中“1”代表完全不同意，“5”代表完全同意，得分越高表示所面临冲突程度越高。经检验，总量表的内部一致性系数为 0. 792，两个子量表的内部一致性系数分别为 0. 791 和 0. 730。

2.3 数据处理

所有数据均录入 SPSS 13. 0 进行统计处理。

---

① Carlson D S, Perrewé P L. The Role of Social Support in the Stressor - Strain Relationship: An Examination of Work - Family Conflict [J]. Journal of Management, 1999, 25 (4): 513 -540.

3 工作—家庭冲突作用下新生代企业员工工作倦怠与工作投入

3.1 不同人口学特征的新生代企业员工在工作—家庭冲突上的差异

考察新生代企业员工的人口学特征因素对工作侵扰家庭和家庭侵扰工作的影响。首先对不同人口学特征的新生代企业员工的工作侵扰家庭和家庭侵扰工作进行比较，以性别、工龄、婚姻状况和职务为分组变量，以工作侵扰家庭和家庭侵扰工作规范化总分为因变量，进行 2 ×4 ×4 ×3 的 MANOVA 分析，针对全模型的初步统计结果显示：性别、性别与职务交互作用对家庭侵扰工作有显著影响；进而对性别在家庭侵扰工作上的主效应，以及性别与职务在家庭侵扰工作上的交互作用做进一步的分析。

3.1.1 不同性别新生代企业员工在家庭侵扰工作上的差异

表 3－3－1 不同性别新生代企业员工在家庭侵扰工作上的差异

	M	*SD*	*n*	*t*
男	0.2655	0.17600	[illegible]31	3.487***
女	0.2185	0.14331	181	

注：$^{*}p<0.05$；$^{**}p<0.01$；$^{***}p<0.001$

从表3－3－1可以看出，新生代企业员工的家庭侵扰工作在性别上存在显著差异。经比较分析发现，男性员工在家庭侵扰工作上的得分显著高于女性员工（$p<0.01$）。

3.1.2 性别与职务在家庭侵扰工作上的交互作用分析

表3－3－2 性别与职务在家庭侵扰工作上的交互作用及简单效应

变异来源	平方和	自由度	均方	*F*
性别	0.363	1	0.363	13.476***
职务	0.149	2	0.074	2.769
性别×职务	0.234	2	0.117	4.347*
性别（管理人员）	0.00	1	0.00	0.06
性别（技术人员）	0.06	1	0.06	2.08
性别（工人）	0.72	1	0.72	26.78***
职务（男）	0.54	2	0.27	9.99***
职务（女）	0.02	2	0.01	0.29
单元内误差	16.629	618	0.027	

注：*$p<0.05$；**$p<0.01$；***$p<0.001$

从表3－3－2和图3－3－1可以看出，不同性别的员工在职务的第三个水平，即工人水平上，家庭侵扰工作差异显著。事后检验表明，男性工人家庭侵扰工作上的得分显著高于女性工人（$p<0.01$）。

新生代企业员工的家庭侵扰工作，在性别和职务上存在显著交互作用。简单效应分析结果显示：不同职务的员工在性别

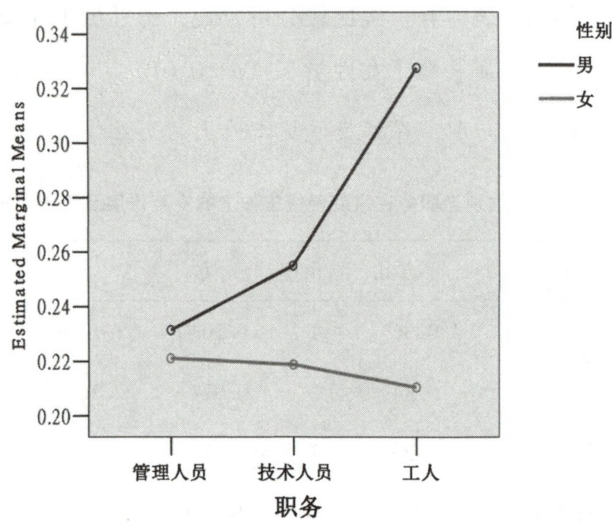

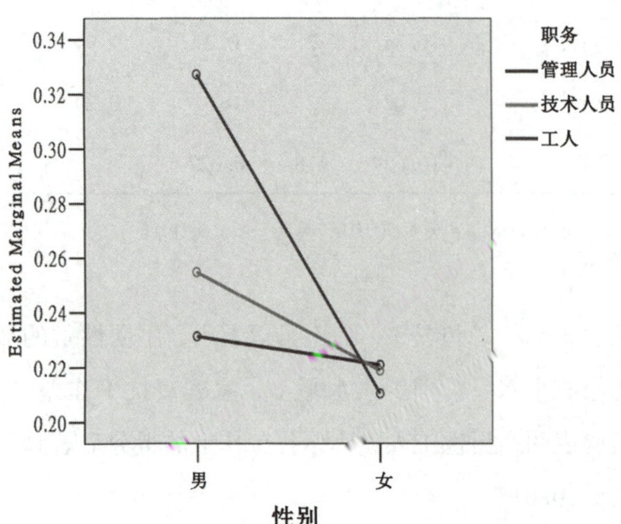

图3-3-1　性别与职务变量在家庭侵扰工作上的交互作用图解

的第一个水平，即男性水平上，家庭侵扰工作差异显著。Tamhane's T2 事后检验表明，男性工人的家庭侵扰工作，显著高于男性管理人员（$p<0.001$）和男性技术人员（$p<0.01$）。

3.2 工作—家庭冲突在工作倦怠、工作投入上的差异检验

对高倦怠组和非倦怠组两组员工的工作—家庭冲突进行差异检验。从表3－3－3可以看出，高倦怠组和非倦怠组员工，在工作侵扰家庭、家庭侵扰工作的得分上差异显著。其中，高倦怠组无论在工作侵扰家庭还是在家庭侵扰工作上的得分，都显著高于非倦怠组。

表3－3－3　工作—家庭冲突在工作倦怠分组上的差异检验

	高倦怠组（$n=74$）	非倦怠组（$n=82$）	t
工作侵扰家庭	0.5850 ±0.20277	0.3567 ±0.21951	6.725***
家庭侵扰工作	0.3750 ±0.21021	0.1519 ±0.10524	8.244***

注：*$p<0.05$；**$p<0.01$；***$p<0.001$

表3－3－4　工作—家庭冲突在工作投入分组上的差异检验

	高投入组（$n=148$）	非投入组（$n=134$）	t
工作侵扰家庭	0.4569 ±0.23582	0.4919 ±0.21638	－1.294
家庭侵扰工作	0.2052 ±0.14965	0.3016 ±0.18452	－4.836***

注：*$p<0.05$；**$p<0.01$；***$p<0.001$

对高投入组和非投入组两组员工的工作—家庭冲突进行差

异检验。从表3－3－4可以看出，高投入组和非投入组员工，在家庭侵扰工作的得分上差异显著。其中，高投入组在家庭侵扰工作上的得分显著低于非投入组。

3.3 工作—家庭冲突与工作倦怠、工作投入的关系

3.3.1 工作倦怠各维度、工作投入各维度与工作—家庭冲突的相关

从表3－3－5可以看出，工作侵扰家庭与工作倦怠的维度——情感耗尽、讥诮之间均存在显著的正相关，而与低职业效能的相关，没有达到显著的水平；家庭侵扰工作与工作倦怠各个维度之间的正相关，均达到显著水平。除与奉献之间存在显著负相关外，工作侵扰家庭与工作投入的另外两个维度的相关，均没有达到显著水平；家庭侵扰工作与工作投入各个维度之间的负相关，均达到显著水平。

表3－3－5　工作—家庭冲突与工作倦怠各维度及工作投入各维度的偏相关

变　量	工作侵扰家庭	家庭侵扰工作
情感耗尽	0.514***	0.260***
讥诮	0.286***	0.361***
低职业效能	0.038	0.314***
活力	−0.07[illegible]	−0.167***
奉献	−0.096*	−0.176***
专注	−0.050	−0.165***

注：$*p<0.05$；$**p<0.01$；$***p<0.001$

3.3.2 工作—家庭冲突对工作倦怠各维度和工作投入各维度的回归分析

研究结果表明，新生代企业员工的性别、工龄、婚姻状况和职务，对其工作倦怠和工作投入会有不同程度的影响。因此，在已有研究基础之上，采用分层回归分析来考察新生代企业员工工作—家庭冲突对其工作倦怠和工作投入的影响，即在控制了对工作倦怠和工作投入具有影响的性别、工龄、婚姻状况和职务等人口学变量后，考察工作—家庭冲突是否对工作倦怠和工作投入产生影响。回归分析时，在第一层次放入人口学变量；第二层次放入工作侵扰家庭、家庭侵扰工作变量。通过计算 ΔR^2 以及其显著性，来探讨引入的自变量对因变量的影响程度。多元线性回归中，由于自变量之间的共线性，将隐蔽变量的显著性，增加参数估算的方差，回归模型不稳定。因此为避免引入的自变量存在共线性问题，而使其对因变量产生虚假的显著预测作用，所以应首先对自变量之间的相关性进行考察。考察结果证明，自变量间不存在共线性，可以引入回归方程，以考察其对因变量的预测能力。工作—家庭冲突对于工作倦怠和工作投入总体预测情况如何，这将是后续研究中着重探讨的问题。

3.3.2.1 工作—家庭冲突对工作倦怠各维度的分层回归分析

以工作倦怠各维度为因变量，工作侵扰家庭、家庭侵扰工作为自变量，构建回归模型。采用分层回归方法进行分析。具体结果参见表 3－3－6。

表3－3－6　工作—家庭冲突对工作倦怠各维度的分层回归分析结果

变　量	因变量					
	情感耗尽		讥诮		低职业效能	
	第一步	第二步	第一步	第二步	第一步	第二步
第一步 人口学变量						
性别	0.019		－0.075		－0.001	
工龄	0.017		－0.025		－0.114*	
婚姻状况	－0.041		－0.074		－0.091	
职务	0.036		0.060		0.018	
第二步 工作家庭冲突						
工作侵扰家庭		0.481***		0.189***		－0.069
家庭侵扰工作		0.108**		0.303***		0.337***
R^2	0.003	0.276	0.020	0.180	0.036	0.136
F	0.400	38.265***	3.122*	21.954***	5.699***	15.765***
ΔR^2	0.003	0.274	0.020	0.159	0.036	0.100
ΔF	0.400	113.694***	3.122*	58.429***	5.699***	34.625***

注：*$p<0.05$；**$p<0.01$；***$p<0.001$

从表3－3－6可以看出，在控制了人口统计学变量之后，工作侵扰家庭、家庭侵扰工作对情感耗尽和讥诮有正向的影响，并做出了新的贡献，解释的变异量分别增加了27.4%和15.9%。家庭侵扰工作对低职业效能有正向的影响，并做出了新的贡献，解释的变异量增加了10%。说明工作—家庭冲突对工作倦怠的具体表现，做出了有效预测。

3.3.2.2 工作—家庭冲突对工作投入各维度的分层回归分析

以工作投入各维度为因变量，工作侵扰家庭、家庭侵扰工作为自变量，构建回归模型。采用分层回归方法进行回归分析。具体结果参见表3-3-7。

表3-3-7 工作—家庭冲突对工作投入各维度的分层回归分析结果

变量	因变量					
	活力		奉献		专注	
	第一步	第二步	第一步	第二步	第一步	第二步
第一步 人口学变量						
性别	-0.038		-0.006		0.041	
工龄	0.098		0.069		0.123	
婚姻状况	0.022		0.081		0.026	
职务	-0.080*		-0.062		-0.082	
第二步 工作家庭冲突						
工作侵扰家庭		-0.023		-0.044		0.003
家庭侵扰工作		-0.160***		-0.162***		-0.166***
R^2	0.021	0.049	0.024	0.056	0.031	0.058
F	3.258*	5.142***	3.668**	5.902***	4.861**	6.131***
ΔR^2	0.021	0.028	0.024	0.032	0.031	0.026
ΔF	3.258*	8.743***	3.668**	10.148***	4.861**	8.431***

注：$*p<0.05$；$**p<0.01$；$***p<0.001$

从表3-3-7可以看出，在控制了人口统计学变量之后，家庭侵扰工作对活力、奉献、专注均有负向的影响，并做出了

维度、工作投入部分维度存在不同程度的相关。

在控制了人口学变量对工作倦怠的影响后，除工作侵扰家庭对低职业效能的预测力较弱外，工作侵扰家庭和家庭侵扰工作均对工作倦怠的具体表现做出了有效预测，并且预测力相对较高（最低10%，最高27.4%）。这与以往工作—家庭冲突越多，则工作倦怠感越强的研究结果基本一致①。

在控制了人口统计学变量之后，家庭侵扰工作对活力、奉献、专注均有负向的影响，并作出了新的贡献。解释的变异量分别增加了2.8%和3.2%和2.6%，说明工作—家庭冲突同工作投入虽然存在负性关系，但是预测力并不是很强。

研究工作—家庭冲突对工作投入的影响，还应注意到，如果只一味关注工作—家庭冲突，那么对整个工作家庭界面相互作用的理解将是不全面的。因为近年来越来越多的研究者意识到，工作—家庭界面之间同样可能存在互利互惠、相互促进的一面，即工作—家庭促进。有学者从积极渗溢（positive spillover）、增益（enrichment）和助长（facilitation）三个角度提出工作家庭促进（work－family facilitation）。意即个体由于在某一社会系统（工作或者家庭）中的投入对另一系统（如家庭或者工作）的发展产生贡献的程度，表现为工作、家庭间的积极渗溢、工作家庭增益和工作家庭助长②。

这表明虽然工作—家庭冲突对工作投入存在负向影响，但

---

① 李超平，时勘，罗正学等．医护人员工作家庭冲突与工作倦怠的关系［J］．中国心理卫生杂志，2003，17（12）：807－809.

② 唐汉瑛，马红宇，王斌．工作—家庭界面研究的新视角：工作家庭促进研究［J］．心理科学进展，2007，15（5）：852－858.

是工作—家庭冲突和工作—家庭促进是否能够采用同一量表进行测量，如果能够采用同一量表进行测量，是否可以通过反向计分正式统一问题，都是值得商榷的问题。

所以，上述研究结果可以这样表述：工作—家庭冲突低和高工作投入存在一定关系。具体表现为家庭侵扰工作对工作投入的三个维度的微弱的预测力。涉及有关工作、家庭这两个社会子系统互利互惠、相互促进，能否预测新生代员工工作投入的具体细化问题，还有待于进一步深入，但幸运的是，初步的探索已经开始了。

四、新生代企业员工工作环境与工作倦怠、工作投入的关系

1 工作环境与职业心理健康

工作环境对从业者职业健康具有深远影响，寻找工作倦怠与工作投入的最佳工作预测指标的研究也从未停止过。通过长期的努力，国外心理学家提出了一些颇有意义的宏观理论，例如，Karasek 的工作要求—控制模型（JDC）提出工作要求过高，加之内部控制水平过低造成心理紧张感的产生①。在 JDC 模型中，工作要求是指存在于工作情境中，反映员工所从事的工作任务的数量和困难程度的因素，即压力源，包括工作负荷、角色冲突以及问题解决要求等；而工作控制则反映了员工能够对工作行为施加影响的程度，或者称为工作决策幅度。工作压力既不单独取决于工作要求，也不单独取决于工作控制，而是受二者之间交互作用的影响。当工作控制处于不同水平时，工作要求对工作压力的效应是不同的，工作要求和决策幅

① Karasek R A. Job demands, job decision latitude, and mental strain: Implications for job redesign [J]. Administrative Science Quarterly, 1979, 24: 285 - 308.

度共同决定从业者所承受的工作压力①。Hobfull 的资源保存理论（COR）从需求和资源的角度来解释工作倦怠。COR 理论将资源分为外部资源和内部资源，外部资源包括经济回报、社会支持、管理者辅导等；内部资源包括自主性、反馈和职业发展的可能性等。当资源缺乏时，个体无法应对高要求的负面影响，从而产生工作倦怠②。Warr 的维他命模型则描述具有心理意义的工作环境特征对从业者的职业幸福感所造成的影响，划分了工作自主度、工作要求、社会支持、技术利用、技术多样性、绩效反馈、薪水、安全感和任务的重要性等九种类型的工作特征，并指出了这些工作特征对于职业健康的意义所在③。Siegrist 的付出—回报失衡模型（ERI）指出，高工作负荷与低水平收益的冲突造成职业健康水平的降低。工作中的付出，主要是指可以观察到的定量和定性的工作负担，以及在近期内工作量的增加，包括时间、精力（脑力）、体力和责任等；而工作中的获得，则包括金钱、尊重、认可和升职机会④。工作的意义在于人们付出自己的劳动，并因此得到相应的奖励、尊重和认可，获得归属感等。在工作中，如果付出 - 获得之间缺少互惠性（如高付出与低获得），就会引发负面情绪，并由此导

① 姜文锐，马剑虹．工作压力的要求 - 控制模型[J]．心理科学进展，2003，11（2）：209 - 213.

② Hobfull S E. Conservation of resources：A new approach at conceptualizing stress [J]. American Psychologist，1989，44：513 - 524.

③ Warr P. Work，unemployment，and mental health [M]. Oxford：Clarendon Press，1987.

④ Siegrist J. Adverse health effects of high - effort/low - reward conditions [J]. Journal of Occupational Health Psychology，1996，1：27 - 41.

致神经——内分泌系统的持续改变，最终影响健康①。工作要求—资源模型（JD－R）是 Demeroutid 等学者新近提出的有关职业压力的模型，其基本设想是人们的工作环境各有不同，环境特征（又称工作特征）可以划分为两大范畴：即工作要求与工作资源。并指出工作要求（如工作量过大，角色模糊，工作不安全感等）可能会导致各种不同程度的紧张反应，而工作资源的缺乏（如工作场所中缺乏社会支持，缺乏工作控制感等）可能会阻碍工作目标的达成，导致产生挫折感与失败感②。

基于对现有工作倦怠与工作投入整合理论模型的引进与介绍③④⑤，中国国内学者相继从微观验证的角度对从业者的职业心理健康问题作出了有益的探索，例如：甘怡群等对 20 例农村中学教师的深度访谈进行内容分析，发现人际消耗以及社会偏见对工作倦怠起着重要的影响作用。他们还根据访谈的结果编制了教师工作特征的本土化测量工具，对 266 名被试的测量结果进行因素分析，结果显示为四个因素：缺乏支持和公平感、忙碌感、人际消耗、社会偏见。其中，人际消耗和社会偏见在预测工作倦怠总分和热情枯竭有大于 5% 的增益方差，人

① 李秀央，郭永松，张扬．付出－获得不平衡量表中文版的信度和效度［J］．中华流行病学杂志，2006，27（1）：25－28.

② Demerouti E，Bakker A B，Nachreiner F，Schaufeli W B. The Job Demands－Resources Model of burnout［J］. Journal of Applied Psychology，2001，86：499－512.

③ 鞠鑫，邵来成．职业倦怠的工作要求—资源模型［J］．应用心理学，2004，10（3）：58－62.

④ 杨文杰，李健．工作场所中社会心理因素的测量——两种职业紧张检测模式的应用［J］．中华劳动卫生职业病杂志，2004，22（6）：422－426.

⑤ 张燕，马剑虹．工作倦怠理论模型和相应干预措施［J］．中国健康心理学杂志，2006，14（3）：338－342.

际消耗通过影响精力枯竭造成工作倦怠，社会偏见则通过所有三条路径造成工作倦怠，从而揭示了影响中国农村中学教师工作倦怠的重要因素——人际消耗和社会偏见①。马超等结合中国国有大中型企业的实际情况，提出国有大中型企业员工心理应激源的六维结构：生产压力、同事关系、同直接主管的关系、纪律控制、工作单调和职业发展，并进行信度和效度的检验，形成国有大中型企业员工心理应激目标问卷②。李金波以361名企事业员工为被试，采用问卷法和结构方程建模分析方法，探讨了组织公平、角色压力、组织支持感和组织承诺对工作投入的影响及其途径。结果表明：角色压力、组织公平与组织支持感，均对工作投入和组织承诺有较好的预测效力。经检验，组织公平和组织支持感对工作投入产生显著的间接影响，组织承诺主要表现为直接影响，而角色压力对于工作投入既有直接影响，又存在间接影响③。张姝玥等以中国4855名警察为被试，探讨工作要求、工作资源对工作倦怠和工作投入的预测作用。结果表明，高工作要求或者缺乏工作资源都会导致个体的情绪衰竭，缺乏工作资源是个体去人性化和成就感降低的主要原因，是个体工作不投入的主要原因④。

以上是目前对从业者工作倦怠和工作投入环境影响因素的

---

① 甘怡群，王晓春，张轶文等．工作特征对农村中学教师职业倦怠的影响［J］．心理学报，2006，38（1）：92－98.

② 马超，凌文辁．国有大中型企业员工心理应激研究［J］．心理科学，2004，7（3）：611－653.

③ 李金波，许百华，陈建明．影响员工工作投入的组织相关因素研究［J］．应用心理学，2006，12（2）：176－218.

④ 张姝玥，许燕，王芳．工作要求、工作资源对警察的工作倦怠和工作投入的预测作用［J］．中国健康心理学杂志，2007，15（1）：14－16.

研究以及所得出的结论。可以看出，研究者们的目光始终没有离开工作环境因素对从业者职业健康的影响。虽然工作环境特征对从业者的工作倦怠与工作投入的作用结果存在细微差别，这可能是与所选择的被试有关。企业中的 80 后、90 后新生代企业员工，渴望人格独立和他人尊重，乐于参与有挑战性的工作任务，希望在民主、自由、平等的环境中工作，并对组织的发展决策享有话语权。以新生代企业员工为被试，在访谈和文献研究相结合的基础上，可以考察体能工作要求、工作不稳定、工作自主度、领导支持、同事支持等工作环境特征将对新生代企业员工的工作倦怠和工作投入所产生的影响。研究工作环境对工作倦怠和工作投入的作用效果，从改善企业和组织自身所存在的问题着手，以问题为中心，及时发现和解决新生代企业员工中出现的职业健康问题，减少工作倦怠，提升工作投入，这成为解决问题的关键。

2 新生代企业员工工作环境的测评

2.1 被试

以东北地区 17 家单位的新生代企业员工为被试，共发放问卷 1000 份，回收有效问卷 648 份。

2.2 工作环境特征问卷

工作环境特征问卷（Job Content Questionnaire，简称 JCQ）是根据瑞典流水线雇员的工作状况发展起来的，主要测量工作场所中的社会心理因素。问卷理论假设为工作要求—工作自主度—社会支持理论模式。该问卷在国际职业紧张研究领域中影响较大，使用范围较广①。具体包括技术自主度（SD）、工作自主度（DA）、宏观工作自主度（MD）、不稳定工作因素（JI）、心理工作要求（PSD）、体能工作要求（PHD）、领导支持（SS）、同事支持（CS）等，共49个条目。其中SD与DA共同构成工作自主度（DL）。中国沙焱等人对JCQ进行了开发、考评及试用，在中国台湾地区也已经有JCQ中文版本。研究者就JCQ中的工作自主度（DL）、领导支持（SS）、同事支持（CS）、心理工作要求（PSD）四个模块做了信度效度研究。结果发现DL，SS，CS的α系数大于0.8，PSD的α系数为0.55②。根据研究的实际需要，依照测量简约化和本地化的原则，采纳了体能工作要求、工作不稳定、工作自主度、领导支持、同事支持五个因素。该问卷总体的内部一致性系数为0.737，体能工作要求层面内部一致性系数为0.770，不稳定工作因素内部一致性系数为0.570，工作自主度因素内部一致性系数为0.638，领导支持因素内部一致性系数为0.791，同事支持因素内部一致性系数为0.8035。工作不稳定因素内部一致性系数较低的原因，可能是由于工作不稳定分量表仅有三个条目。考虑到本量表以极少的条目覆盖广泛的内容这一特

---

① 沙焱．工作环境特征量表的开发、考评及试用［D］．昆明：昆明医学院，2003.

② Cheng Y，Luh W M，Guo Y L. Reliability and validity of the Chinese version of the Job Content Questionnaire in Taiwanese workers［J］. International Journal of Behavior Medicine，2003，10（1）：15－30.

征，以上的克伦巴赫 α 系数从心理测量学的角度看，是完全可以接受的。

2.3 数据处理

所有数据均录入 SPSS 13.0 进行统计处理。

3 工作环境特征作用下的新生代企业员工工作倦怠与工作投入

3.1 工作环境特征问卷得分的总体状况

从表3－4－1 可以看出，体能工作要求、工作不稳定得分，均低于中间值（0.5），以体能工作要求最低；工作自主度、领导支持、同事支持均高于中间值，以同事支持最高。说明新生代企业员工的体能工作要求和工作不稳定的整体得分水平偏低，工作自主度、领导支持、同事支持的整体得分呈中上水平，总体工作环境特征良好。

表3－4－1　新生代企业员工工作环境特征的描述统计

项目	*M*	*SD*	*n*	*Item*
体能工作要求	0.3952	0.18947	648	5
工作不稳定	0.4462	0.16922	639	3
工作自主度	0.5729	0.12341	640	9
领导支持	0.6210	0.16709	648	4
同事支持	0.6856	0.13213	648	4

3.2 工作倦怠各维度、工作投入各维度与工作环境特征的相关

从表3－4－2可以看出，工作倦怠的三个维度——情感耗尽、讥诮、低职业效能，分别与体能工作要求、工作不稳定性呈显著正相关；分别与工作自主度、领导支持、同事支持呈显著负相关。工作投入的三个维度——活力、奉献、专注，分别与工作自主度、领导支持、同事支持呈显著正相关；与体能工作要求相关不显著，与工作不稳定性呈显著负相关。

表3－4－2　工作环境特征与工作倦怠各维度及工作投入各维度的偏相关

变量	体能工作要求	工作不稳定性	工作自主度	领导支持	同事支持
情感耗尽	0.242***	0.181***	－0.178***	－0.183***	－0.118**
讥诮	0.235***	0.230***	－0.305***	－0.321***	－0.242***
低职业效能	0.154***	0.191***	－0.324***	－0.288***	－0.261***
活力	－0.055	－0.286***	0.380***	0.369***	0.188***
奉献	－0.073	－0.320***	0.447***	0.375***	0.216***
专注	－0.047	－0.246***	0.362***	0.344***	0.203***

注：$*p<0.05$；$**p<0.01$；$***p<0.001$

3.3 工作环境特征对工作倦怠和工作投入的各维度的分层回归分析和优势分析

为了进一步考察工作环境特征是否可以预测工作倦怠和工作投入，分别对工作倦怠和工作投入的内在维度，做工作环境

新的贡献，解释的变异量分别增加了2.8%、3.2%和2.6%。

4 新生代企业员工工作—家庭冲突与工作倦怠与工作投入的关系分析

4.1 不同人口学特征的新生代企业员工在工作—家庭冲突上的差异

有关工作—家庭冲突的研究中，人口统计学变量中的性别是被研究较多的一项。工作和家庭是人类社会生活中的两个重要的组成部分。随着越来越多的女性走出家庭，开始同男性一样担负起工作和家庭双重重任，人们的家庭结构随之开始发生变化。传统的“男主外，女主内”观念受到挑战，工作责任不再单单是男性的专利，家务劳动也不再单单是女性的义务。男性从业者和女性从业者一起担负起多重社会角色。

经上述研究发现，男性新生代企业员工家庭侵扰工作的得分显著高于女性新生代企业员工。这一结论，与以往的女性从业者工作—家庭冲突高于男性①，或是工作—家庭冲突的性别差异并不显著的认识②是有所不同的。对此，一个得到普遍认可的理由即不是性别本身，而是新生代企业员工所兼持的性别

---

① Rachel Gali Cinamon, Yisrael Rich. Gender Differences in the Importance of Work and Family Roles: Implications for Work – Family Conflict [J]. Sex Roles, 2002, 47: 531 – 541.

② Izraeli D N. Work – family conflict among women and men managers individual career couples in Israel [J]. Journal of Social Behavior and Personality, 1993, 8: 371 – 388.

角色态度在起作用①。男性新生代企业员工表现出较高的家庭侵扰工作，可能是因为在分担家庭责任的过程中，男性新生代企业员工始终坚持男性应该以工作为重的态度，从而认为家庭角色对其工作角色产生了干扰。

另外一个重要发现，那就是不同职务的男性新生代企业员工家庭侵扰工作的得分差异显著。这是一个很有价值的发现，从社会分工的角度，对工作—家庭冲突的差异加以验证。据中国国家统计部门对63个城市2500万人的抽样调查表明，55%的民营和私营企业工人和47%的国有企业工人反映，他们的生活水平比上年有所下降②。在一个企业的调查中发现，工人们大多数都肩负生活重担，90%以上的工人认为有经济负担，负担主要表现在子女的教育、老人的赡养和人情往来方面。55%的工人对于现有的住房状况不满意，其人均住房面积低于全国工人平均水平③。男性工人的家庭侵扰工作程度，显著高于男性管理人员和男性技术人员，这正是新生代工人收入较低，家庭负担较重等原因造成的，也恰恰体现了社会分工带来的分层化现象。

4.2 工作—家庭冲突在工作倦怠、工作投入上的差异检验

高倦怠组和非倦怠组这两组新生代企业员工在工作家庭冲

---

① 宫火良，张慧英．工作家庭冲突研究综述[J]．心理科学，2006，29(1)：124－126.

② 汝信．中国社会形势分析与预测[M]．北京：社会科学文献出版社，2002. 148.

③ 孙艳春等．中国工人阶级内部差异性分析[J]．当代世界与社会主义，2003，1：101－103.

突上的差异性表明：处于高倦怠状态的新生代企业员工不但对工作失去了热情，对周围的人际关系漠然置之，而且自我同一性也不再完整，当置身于大的社会环境下，扮演工作与家庭两种社会角色时显得无力，具体表现就是对两种角色的诠释都以失败告终。而非倦怠组的新生代企业员工相对于高倦怠组的新生代企业员工来说，在处理工作和家庭生活的矛盾时表现得相对良好，基本能够在工作和家庭之间找到一种平衡。但是在进行差异检验的时候，应该注意到高倦怠组和非倦怠组在工作侵扰家庭上的标准差较高，高倦怠组在家庭侵扰工作上的标准差也较高，说明数据的离散性较高，对问题的说明可能会存在一定的偏差。

高投入组和非投入组这两组新生代企业员工在工作—家庭冲突上的差异性表明，高投入组新生代企业员工的家庭侵扰工作的程度显著低于非投入组。这一研究结果，与上述工作倦怠不同区组在家庭侵扰工作的不同表现相类似。说明在工作上充满活力、积极奉献、专注投入的新生代员工，对待家庭问题时同样勇于履行责任，善于克服困难，因此较少感觉到家庭对于工作的干扰。对于工作—家庭冲突在工作倦怠、工作投入上的差异检验，只能提供初步的研究设想。鉴于被试样本大小的限制，涉及工作—家庭冲突与工作倦怠、工作投入之间的具体关联，还要通过下面的研究进一步补充完善。

4.3 工作—家庭冲突与工作倦怠、工作投入的关系

从工作—家庭冲突与工作倦怠各维度、工作投入各维度的偏相关分析可以大致看出，工作—家庭冲突与工作倦怠大部分

的回归分析，并在此基础上，通过优势分析确定工作环境特征的贡献率。

3.3.1 工作环境特征对工作倦怠各维度的分层回归分析和优势分析

3.3.1.1 工作环境特征对工作倦怠各维度的分层回归分析

对工作倦怠内在维度进行分层回归分析。回归分析时，在第一层次放入人口学变量；第二层次放入代表工作环境特征的体能工作要求、工作不稳定、工作自主度、领导支持、同事支持等变量。通过计算 ΔR^2 及其显著性，来探讨引入的自变量对因变量的影响程度。自变量间不存在共线性，可以引入回归方程，以考察其对因变量的预测能力。工作环境特征对于工作倦怠和工作投入总体预测情况如何，这是后续研究要着重探讨的问题。

表3-4-3　新生代企业员工工作环境特征对工作倦怠各维度的分层回归分析

变　量	因变量					
	情感耗尽		讥诮		低职业效能	
	第一步	第二步	第一步	第二步	第一步	第二步
第一步 人口学变量						
性别	0.024		-0.062		0.012	
工龄	0.022		-0.021		-0.114*	
婚姻状况	-0.046		-0.080		-0.099	
职务	0.046		0.066		0.012	
第二步 工作环境						
体能工作要求		0.243***		0.210***		0.112**
工作不稳定		0.093*		0.040		-0.012
工作自主度		-0.083		-0.181***		-0.240***

续表

变量	因变量					
	情感耗尽		讥诮		低职业效能	
	第一步	第二步	第一步	第二步	第一步	第二步
领导支持		-0.113*		-0.194***		-0.130**
同事支持		0.026		-0.057		-0.124**
R^2	0.004	0.108	0.019	0.203	0.038	0.193
F	0.567	7.844***	2.904*	16.489***	5.799***	15.547***
ΔR^2	0.004	0.104	0.019	0.183	0.038	0.155
ΔF	0.567	13.616***	2.904*	26.847***	5.799***	22.498***

注：* $p<0.05$；** $p<0.01$；*** $p<0.001$

从表3-4-3可以看出，在控制了人口统计学变量之后，体能工作要求、工作不稳定、领导支持对预测情感耗尽作出了新的贡献，解释的变异量增加了10.4%；体能工作要求、工作自主度、领导支持对预测讥诮作出了新的贡献，解释的变异量增加了18.3%；体能工作要求、工作自主度、领导支持、同事支持对预测低职业效能作出了新贡献，解释的变异量增加了15.5%。说明各工作环境特征都对工作倦怠的具体表现作出了有效预测。

3.3.1.2 工作环境特征对工作倦怠各维度的优势分析

仅证明工作环境特征影响工作倦怠是不够的。为了进一步探讨究竟哪种工作环境特征对工作倦怠的各构成维度产生了显著的预测作用，需要使用优势分析，确定哪些工作环境特征的预测能力更强，作用更大。

从表3-4-4可以看出，对于预测情感耗尽的回归方程来说，在已解释的那部分方差中，体能工作要求、工作不稳定、领导支持分别贡献了 54.90%、20.59% 和 23.53%，说明在预测情感耗尽时，体能工作要求的贡献更大。

表 3-4-4 体能工作要求、工作不稳定、领导支持对情感耗尽的相对贡献

变　量	R^2	X1	X2	X3
K＝0 时，平均贡献	—	0.060	0.033	0.034
X1（体能工作要求）	0.060	—	0.027	0.030
X2（工作不稳定）	0.033	0.053	—	0.016
X3（领导支持）	0.034	0.056	0.013	—
K＝1 时，平均贡献		0.055	0.020	0.023
X1X2	0.087	—	—	0.015
X1X3	0.092	—	0.010	—
X2X3	0.050	0.052	—	—
K＝2 时，平均贡献		0.052	0.010	0.015
X1X2X3	0.102	—	—	—
总平均贡献		0.056	0.021	0.024
在已预测方差中的百分比		54.90	20.59	23.53

表 3-4-5 体能工作要求、工作自主度、领导支持预测讥诮的相对贡献

变　量	R^2	X1	X2	X3
K＝0 时，平均贡献	—	0.060	0.087	0.098
X1（体能工作要求）	0.060	—	0.073	0.091

续表

变　量	R^2	X1	X2	X3
X2（工作自主度）	0.087	0.047	—	0.048
X3（领导支持）	0.098	0.053	0.037	—
K＝1 时，平均贡献		0.050	0.055	0.070
X1X2	0.135	—	—	0.046
X1X3	0.152	—	0.029	—
X2X3	0.135	0.046	—	—
K＝2 时，平均贡献		0.046	0.029	0.046
X1X2X3	0.181	—	—	—
总平均贡献		0.052	0.057	0.071
在已预测方差中的百分比		28.73	31.49	39.23

从表 3－4－5 可以看出，对于预测讥诮的回归方程来说，在已解释的那部分方差中，体能工作要求、工作自主度、领导支持分别贡献了 28.73%、31.49% 和 39.23%，说明在预测讥诮时，领导支持的贡献更大。

从表 3－4－6 可以看出，对于预测低职业效能的回归方程来说，在已解释的那部分方差中，体能工作要求、工作自主度、领导支持和同事支持分别贡献了 9.68%、45.16%、23.87% 和 21.29%，说明在预测低职业效能时，工作自主度的贡献更大。

表3-4-6 体能要求、工作自主度、领导支持、同事支持对低职业效能贡献

变 量	R^2	X1	X2	X3	X4
K=0时，平均贡献	—	0.023	0.101	0.074	0.062
X1（体能工作要求）	0.023	—	0.092	0.070	0.052
X2（工作自主度）	0.101	0.015	—	0.026	0.036
X3（领导支持）	0.074	0.020	0.055	—	0.020
X4（同事支持）	0.062	0.013	0.076	0.031	—
K=1时，平均贡献		0.016	0.074	0.042	0.036
X1X2	0.116	—	—	0.026	0.030
X1X3	0.093	—	0.049	—	0.015
X1X4	0.074	—	0.072	0.033	—
X2X3	0.127	0.014	—	—	0.018
X2X4	0.137	0.009	—	0.008	—
X3X4	0.094	0.014	0.053	—	—
K=2时，平均贡献		0.012	0.058	0.022	0.021
X1X2X3	0.142	—	—	—	0.013
X1X2X4	0.146	—	—	0.010	—
X1X3X4	0.107	—	0.048	—	—
X2X3X4	0.145	0.010	—	—	—
K=3时，平均贡献		0.010	0.048	0.010	0.013
X1X2X3X4	0.155	—	—	—	—
总平均贡献		0.015	0.070	0.037	0.033
在已预测方差中的百分比		9.68	45.16	23.87	21.29

3.3.2 工作环境特征对工作投入各维度的分层回归分析和优势分析

3.3.2.1 工作环境特征对工作投入各维度的分层回归分析

对工作投入内在维度进行分层回归。回归分析时在第一层次放入人口学变量；第二层次放入代表工作环境特征的体能工作要求、工作不稳定工作自主度、领导支持、同事支持。通过计算 ΔR^2 及其显著性，来探讨引入的自变量对因变量的影响程度。自变量间不存在共线性，可以引入回归方程，以考察其对因变量的预测能力。

表3－4－7 新生代企业员工工作环境特征对工作投入各维度的分层回归分析

变量	因变量					
	活力		奉献		专注	
	第一步	第二步	第一步	第二步	第一步	第二步
第一步 人口学变量						
性别	－0.046		－0.014		0.031	
工龄	0.091		0.059		0.119*	
婚姻状况	0.024		0.090		0.020	
职务	－0.069		－0.052		－0.070	
第二步 工作环境						
体能工作要求		－0.026		－0.036		－0.012
工作不稳定		－0.079		－0.093*		－0.037
工作自主度		0.255***		0.330***		0.256***
领导支持		0.232***		0.191***		0.205***
同事支持		－0.010		0.013		0.032
R^2	0.019	0.217	0.022	0.267	0.026	0.199
F	2.783*	17.982***	3.289*	23.631***	3.863**	16.122***
ΔR^2	0.019	0.198	0.022	0.245	0.026	0.173
ΔF	2.783*	29.602***	3.289*	39.054***	3.863**	25.292***

注：$*p<0.05$；$**p<0.01$；$***p<0.001$

从表3－4－7可以看出，在控制了人口统计学变量之后，工作自主度、领导支持对预测活力做出了新的贡献，解释的变异量增加了19.8%；工作不稳定、工作自主度、领导支持对预测奉献做出了新的贡献，解释的变异量增加了24.5%；工作自主度、领导支持对专注做出了新贡献，解释的变异量增加了17.3%。说明除了体能工作要求和同事支持，各工作环境特征都对工作投入的具体表现做出了有效预测。

3.3.2.2 工作环境特征对工作投入各维度的优势分析

表3－4－8 工作自主度、领导支持预测活力的相对贡献

变 量	R^2	X1	X2
K＝0时，平均贡献	—	0.143	0.115
X1（工作自主度）	0.143	—	0.047
X2（领导支持）	0.115	0.072	—
K＝1时，平均贡献		0.072	0.047
X1X2	0.189	—	—
总平均贡献		0.108	0.081
在已预测方差中的百分比		57.14	42.86

从表3－4－8可见，对于预测活力的回归方程来说，在已解释的那部分方差中，工作自主度、领导支持分别贡献57.14%、42.86%，说明在预测活力时，工作自主度的贡献更大。

表 3-4-9　工作不稳定、工作自主度、领导支持预测奉献的相对贡献

变　量	R^2	X1	X2	X3
K=0 时，平均贡献	—	0.097	0.186	0.120
X1（工作不稳定）	0.097	—	0.109	0.063
X2（工作自主度）	0.186	0.019	—	0.040
X3（领导支持）	0.120	0.034	0.105	—
K=1 时，平均贡献		0.027	0.107	0.052
X1X2	0.209	—	—	0.030
X1X3	0.161	—	0.078	—
X2X3	0.233	0.007	—	—
K=2 时，平均贡献		0.007	0.078	0.030
X1X2X3	0.239	—	—	—
总平均贡献		0.044	0.124	0.067
在已预测方差中的百分比		18.41	51.88	28.03

从表 3-4-9 可以看出，对于预测奉献的回归方程来说，在已解释的那部分方差中，工作不稳定、工作自主度、领导支持分别贡献了 18.41%、51.88%、28.03%，说明在预测奉献时，工作自主度的贡献更大。

表 3－4－10　工作自主度、领导支持预测专注的相对贡献

变　量	R^2	X1	X2
K＝0 时，平均贡献	—	0. 125	0. 101
X1（工作自主度）	0. 125	—	0. 040
X2（领导支持）	0. 101	0. 063	—
K＝1 时，平均贡献		0. 063	0. 040
X1X2	0. 165	—	—
总平均贡献		0. 094	0. 071
在已预测方差中的百分比		56. 97	43. 03

从表 3－4－10 可以看出，对于预测专注的回归方程来说，在已解释的那部分方差中，工作自主度、领导支持分别贡献了 56. 97%、43. 03%，说明在预测专注时，工作自主度的贡献更大。

4 新生代企业员工工作环境与工作倦怠、工作投入的关系分析

4. 1 新生代企业员工工作环境特征问卷得分的总体状况

新生代企业员工工作环境特征问卷得分的总体研究表明：新生代企业员工体能工作要求和工作不稳定整体得分水平偏低，工作自主度、领导支持、同事支持整体得分呈中上水平，说明新生代企业员工总体工作环境特征良好。管理心理学将企

业的文化功能归纳为：凝聚功能、导向功能、约束功能、激励功能、辐射功能、协调功能等①，这也是企业文化功能的所在。

4.2 工作倦怠、工作投入的各维度与工作环境特征的相关

总的看来，工作倦怠各维度、工作投入各维度与工作环境特征密切相关。这与国内外以往相关研究结论一致②③。这表明工作环境特征对工作倦怠和工作投入的产生和发展有着重要的影响和作用。一方面，工作不仅意味着经济上的独立，同时也代表着个体通过工作进行自我实现的意义。如果从业者所从事的工作非常耗费体力，并且经常受到失业或缺乏工作保障的威胁，必然会对从业者及其家庭带来沉重的负担，可以说单调的体力劳动以及失业危机是一场心理灾难。目前，全球经济的变化造成了工作性质的分化以及雇用状况的改变，这种变化会使部分新生代企业员工因为工作对体力的过分要求，以及工作的不稳定性，而产生工作倦怠；同样也会有另一部分新生代企业员工，为提升工作发展前景，而不断地投入工作。另一方面，中国儒家文化濡染下的中国人特有的传统思想就是“仁”和“礼”。它们对新生代企业员工的影响，体现的正面效应是：以团队理论为出发点，成员之间相互友爱互助；注重家国

---

① 俞文钊．管理心理学（简编）［M］．大连：东北财经大学出版社，2000.100－102.

② 时勘等译．工业与组织心理学——心理学与现代社会的工作［M］．第八版．北京：中国轻工业出版社，2004.257－277.

③ Schaufeli W B，Salanova M. Work engagement：An emerging psychological concept and its implications for organizations ［D］. 2006.

一体的相互依赖性关系，社会是协助个人发展的温床，也是个人发展奋斗的目标；遵循秩序，社会和谐共处，整个社会的和谐发展是每个人幸福快乐的基础。如果既注重自我追求又注重个体和集体的和谐，自然会带来个体对工作的热情投入。但由于传统思想同样强调人际关系，强调等级秩序，则必然造成负面效应。新生代企业员工在工作过程中除了应对环境、资源和要求等生活事件之外，还要从团队的文化出发，同时关注多种关系，包括与团队中其他成员的关系，与管理者之间的关系，此外还要顾及人情、面子等中国特有的人际往来。如果个人和集体在工作中时常产生错位或是冲突，就很可能造成工作倦怠。此外，由于团队成员之间要进行更为频繁与密集的互动，当这种互动关系掺杂不平等和许多复杂因素时，也很容易造成个体的工作倦怠①②。

4.3 工作环境对工作倦怠和工作投入的各维度的分层回归分析和优势分析

分层回归分析表明，各工作环境特征都对工作倦怠的具体表现做出了有效预测。这与 Demerouti 等学者通过工作要求—资源模型对工作倦怠的验证结果相一致。除了体能工作要求和同事支持，各工作环境特征都对工作投入的具体表现做出了有效预测，这与以往研究结果部分相悖。例如，Schaufeli 对工作投入的研究结果认为，工作投入是一种群体化行为，意指周围

---

① 杨国枢．中国人的心理与行为：本土化研究[M]．北京：中国人民大学出版社，2004. 445 – 447.

② 张琳琳，张静．职业倦怠研究本土化[J]．理论探讨，2007，(5)：70 – 73.

同事的行为必然会影响到从业者的工作投入①。对此可以从两方面加以解释：首先，从统计方法上看，一个自变项和一个依变项间的关系，至少可以透过零阶相关、部分相关、标准化回归系数等三个指标来了解②。同事支持的作用，大概是由于它与工作投入各维度的大部分相关，是透过其他几方面工作环境特征而产生的。其次，从理论角度讲，同事对从业者本人的影响，是一种支持行为，还是一种集体行为，目前尚无定论。胜任的同事对从业者本人的关心、友好、帮助等支持性行为，以及胜任的同事将自身的工作投入传染给从业者本人，进而带动该从业者的积极投入，是否具有同等的意义，有待于今后进一步的研究。

进一步的优势分析表明，在预测情感耗尽时，体能工作要求的贡献更大；在预测讥消时，领导支持的贡献更大；在预测低职业效能时，工作自主度的贡献更大；在预测活力、奉献、专注时，都表现为工作自主度的贡献更大。

对此的解释是：如果从业者长时间以某种不舒服的姿势进行工作，或是需要进行快速和持续的体力劳动，或是常常需要搬运或抬举重物，必然在耗费体力的同时感觉到自己在重复着一种单调的体力劳动，这种体力劳动不需要掺杂任何情感成分，这种情况长期持续下去，必然使从业者无法轻易地处理周围的问题与要求，因而感到精疲力竭，丧失工作的情绪资源，

---

① Schaufeli W B, Salanova M. Work engagement: An emerging psychological concept and its implications for organizations［D］. 2006.

② 林新沛. 标准化回归系数的正确解释［J］. 中山管理评论，2005，13（2）：533－548.

表现出疲劳、烦躁、易怒和紧张等情感耗尽状态。此外，讥消代表着工作倦怠中的人际关系层面，由于团队成员和领导之间，要进行更为频繁与密集的互动，当这种互动关系掺杂不平等和许多复杂因素时，也很容易造成个人以不带感情与冷漠的方式或态度回应周围人际。具体表现为，对工作对象与同事的疏远、冷淡、漠然和愤世嫉俗的讥消态度。再次，已有的许多研究证明，工作投入的三个维度——活力、奉献、专注与工作倦怠的最后一个维度——低职业效能，具有千丝万缕的联系，并将其作为工作倦怠的一个延伸维度加以研究①。通过多元回归和优势分析，得到的一项非常有意义的研究结论——在预测低职业效能、活力、奉献、专注时，都表现为工作自主度的贡献更大。追求自主创新并非是西方人的专利，受中国传统文化影响的新生代企业员工在注重“合和”文化的同时，积极地自主创新，必然会促进职业效能感的提升，促使其在工作中表现出活力、奉献、专注的一面。而且，新生代企业员工的工作自主度表明了其具有参与意识和主人翁意识。人们常说“员工是企业的主人”，从经济学角度来说，这句话显然是非严格意义上的，带有着浓厚的修辞色彩，但也说明了企业管理者对员工促进企业发展重要性有着深刻的认识。企业应充分利用各种方式、手段来激发员工的“主人翁精神”。

---

① Schaufeli W B, Bakker A B. Job demands, job resources, and their relationship with burnout and engagement: a multi - sample study [J]. Journal of Organizational Behavior, 2004, 25: 293 - 315.

五、新生代企业员工工作倦怠与工作投入的环境共生模型

1 环境共生与职业心理健康

伴随着社会环境的变化，组织环境也发生了巨大变化。变化的社会、变化的组织、变化的工作必然会对员工的安全、健康和幸福感产生影响。此种情况下，职业健康心理学科学研究者和企业实践者不约而同地将关注点放在动态变化作用下的综合因素对员工职业心理健康的影响上，并对威胁员工心理健康的相关因素进行评估与管理。

新生代企业员工因个体特征、工作—家庭冲突、工作环境的不同，而在工作倦怠和工作投入具体表现上的差异，在之前的研究中已经进行了具体的验证和论述。可以发现，无论是人格特征，或是工作—家庭冲突，或是工作环境，都对新生代企业员工工作倦怠和工作投入的生成起着某种程度上的作用。这种作用，既较为微观地反映在工作倦怠的三个维度——情感耗尽、讥诮、低职业效能上，也有较为细致地表现在工作投入的三个维度——活力、奉献、专注上。换言之，新生代企业员工的职业心理健康，很大程度上受到了内外环境的影响。

诚然，前期研究已经从不同的角度揭示了诸多有关新生代

企业员工职业心理健康很有价值的信息，但是非常关键的一点还需要引起关注，那就是个体并非单纯地生活在某种特定的环境之下，各种影响也并非独立地对个体施加影响①。反映到新生代企业员工的工作倦怠和工作投入研究中，则表现为新生代企业员工的职业心理健康受到个体特征、工作—家庭冲突和工作环境的共同作用，各种影响与职业心理健康是交互的、共生的过程。具体来讲，个体特征、工作—家庭冲突、工作环境共同影响到新生代企业员工的工作倦怠与工作投入，工作倦怠和工作投入同时也是新生代企业员工对各种影响心理觉解的结果。基于此种考虑，有必要在前期微观研究结果的基础上，从宏观上考察个体特征、工作—家庭冲突、工作环境共同作用下的新生代企业员工工作倦怠和工作投入的共生过程，建立新生代企业员工工作倦怠和工作投入的环境共生模型。

2 新生代企业员工工作倦怠与工作投入环境共生模型的测评

2.1 被试

以东北地区 17 个单位的新生代企业员工为被试，共发放问卷 1000 份，回收有效问卷 648 份。在进行数据处理的过程中，使用 SPSS 13.0 和 AMOS 5.0 进行统计。由于 SPSS 对含有缺失值的调查结果可以进行自动处理，而 AMOS 则要求任何带有缺失值的数据都必须加以删除。因此，为了使 AMOS 能够进

---

① 葛鲁嘉．对心理学研究中环境的理解［J］．人文杂志，2007，(5)：39－43.

行分析，又对原有数据进行二次筛选，有效问卷为579份。

2.2 测量工具

采用工作倦怠问卷、工作投入问卷、艾森克人格简式量表、工作—家庭冲突量表、工作环境特征问卷进行测量。

2.3 数据处理

使用SPSS 13.0和AMOS 5.0进行统计处理。

3 新生代企业员工工作倦怠与工作投入环境共生模型的生成

3.1 工作倦怠和工作投入生成模型描述性统计

从表3-5-1可以看出，工作倦怠和工作投入呈负相关。工作倦怠分别同内外倾、工作自主度、领导支持、同事支持呈负相关；分别同神经质、精神质、家庭侵扰工作、工作侵扰家庭、体能工作要求、工作不稳定呈正相关。工作投入分别同内外倾、工作自主度、领导支持、同事支持呈正相关；分别同神经质、精神质、家庭侵扰工作、工作侵扰家庭、体能工作要求、工作不稳定呈负相关。

表 3-5-1　各变量的相关矩阵

	1	2	3	4	5	6	7	8	9	10	11	12
工作倦怠	—											
工作投入	-0.517**	—										
内外倾	-0.249**	0.339**	—									
神经质	0.430**	-0.271**	-0.268**	—								
精神质	0.328**	-0.262**	-0.089*	0.259**	—							
家庭侵扰工作	0.442**	-0.179**	-0.120**	0.261**	0.334**	0. —						
工作侵扰家庭	0.366**	-0.069	-0.102*	0.261**	0.109**	0.324**	—					
体能工作要求	0.264**	-0.068	-0.011	0.256**	0.254**	0.335**	0.208**	—				
工作不稳定	0.259**	-0.313**	-0.229**	0.236**	0.023	0.031	0.136**	0.074	—			
工作自主度	-0.312**	0.390**	0.234**	-0.229**	-0.087*	-0.090*	-0.052	-0.081	-0.372**	—		
领导支持	-0.350**	0.389**	0.121**	-0.138**	-0.122**	-0.146**	-0.120**	-0.051	-0.393**	0.344**	—	
同事支持	-0.261**	0.216**	0.060	-0.171**	-0.196**	-0.230**	-0.105*	-0.142**	-0.278**	0.143**	0.456	—

注：$*p<0.05$；$**p<0.01$

3.2 工作倦怠和工作投入的环境共生模型

模型识别是建立结构模型的重要阶段，如果假设的模型本身不能识别，则无法得到系统各个自由参数的唯一估计值①。所以初步拟定设立个体特质（由内外倾、神经质、精神质3个外源指标构成）、家庭侵扰工作（由测量家庭侵扰工作的6个外源指标构成）、工作侵扰家庭（由测量工作侵扰家庭的6个外源指标构成）和工作环境特征（由体能工作要求、工作不稳定、工作自主度、领导支持、同事支持5个外源指标构成）为外源潜变量，工作倦怠（由情感耗尽、讥诮、低职业效能3个内生指标构成）与工作投入（由活力、奉献、专注3个内生指标构成）为内生潜变量。在先前研究基础上，假设新生代企业员工的工作倦怠和工作投入是在个体特质、工作家庭冲突、工作环境特征共同作用下生成的，但是这种作用力并不能达到完全的平衡，表现在各个外源潜变量上和外源指标上，则会出现有的作用力大小不一，以及各有消长的情况。此外，因为工作—家庭冲突对工作投入的生成所起到的作用，在前期研究中表现得比较微弱，所以与个体特质、工作环境特征相比，家庭侵扰工作和工作侵扰家庭对工作投入的作用力，可能会出现消失的情况。把观察数据与统计模型相结合，并用一定的拟合指标，对其拟合程度加以判断，结果如下：

① 方平，熊端琴，蔡红．结构方程在心理学研究中的应用[J]．心理科学，2001，24（4）：406－408.

表3－5－2　新生代企业员工工作倦怠和工作投入的共生模型各指数拟合结果（n＝579）

模型	χ^2/df	p	GFI	AGFI	NFI	IFI	TLI	CFI	RMSEA
三因素	4.612	0.000	0.839	0.802	0.780	0.819	0.793	0.817	0.079

从表3－5－2可以看出，新生代企业员工工作倦怠和工作投入的共生模型各指数拟合结果良好，基本达到了目前比较通用的拟合优度统计量的标准。

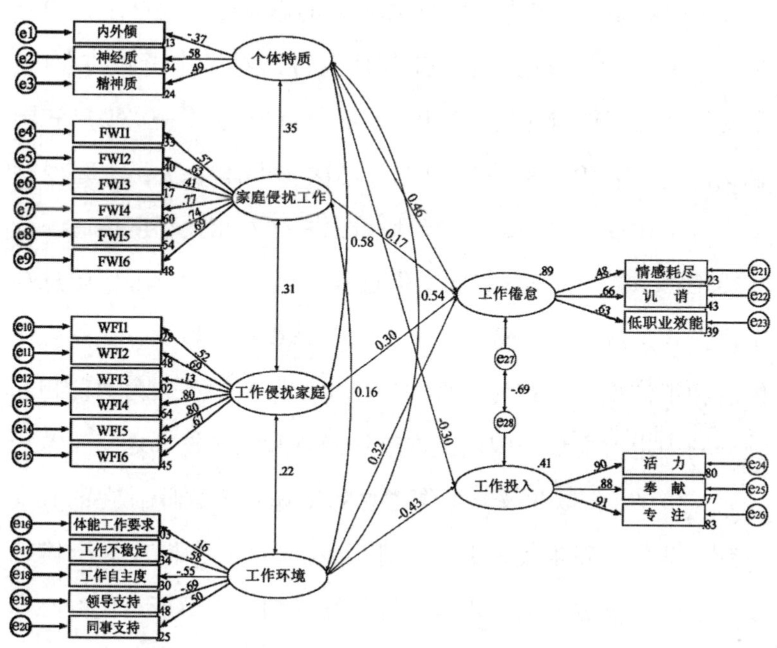

图3－5－1　新生代企业员工工作倦怠和工作投入的共生模型（n＝579）

从图3－5－1可以看出：首先，个体特质、家庭侵扰工作、工作侵扰家庭、工作环境特征均对工作倦怠产生影响，其中个体特质影响最大（0.46），工作环境特征次之（0.32），随后是工作侵扰家庭（0.30），家庭侵扰工作（0.17）。对外源指标的进一步观察可以看出，人格特征对工作倦怠的影响，主要体现在神经质（0.58）和精神质（0.49）的作用力上；工作环境特征对工作倦怠的影响，主要体现在体能工作要求（0.16）和工作不稳定（0.58）的作用力上。其次，个体特质、工作环境特征均对工作投入产生影响，其中工作环境特征影响较大（-0.43），个体特质影响次之（-0.30），而家庭侵扰工作、工作侵扰家庭作用力不显著。对外源指标的进一步观察可以看出，人格特征对工作投入的影响，主要体现在内外倾（-0.37）的作用力上；工作环境特征对工作投入的影响，主要体现在工作自主度（-0.55）、领导支持（-0.69）和同事支持（-0.50）的作用力上。再次，个体特质、家庭侵扰工作、工作侵扰家庭、工作环境特征之间的相关程度很高，从0.16到0.58不等。这表明，促进新生代企业员工工作倦怠和工作投入生成的诸因素间存在着内在一致性。最后，虽然工作倦怠和工作投入呈较为显著的负相关，但依旧不失为两种相互独立的内生潜变量，因此允许工作倦怠和工作投入之间误差相关（-0.69），以此解释工作倦怠和工作投入之间存在的共变系数。此外，新生代企业员工工作倦怠和工作投入为个体特质、工作—家庭冲突、工作环境特征共同作用下所产生的心理反应，这种心理反应进而分化出工作倦怠和工作投入两种不同的工作态度和相反的心理状况。

4 新生代企业员工工作倦怠与工作投入环境共生模型的分析

新生代企业员工工作倦怠和工作投入研究是一项整合式研究，将新生代企业员工的工作倦怠和工作投入置于个体特质、工作—家庭冲突、工作环境特征的共同作用之下，借助结构方程模型的优势加以宏观研究，可以更加全面、更加直观地了解新生代企业员工工作倦怠和工作投入的生成特点、生成过程与生成模式。

具体来讲，以生成特点而言，新生代企业员工工作倦怠和工作投入在各种因素的作用下，表现出一定的不平衡性，消极的人格特征、工作—家庭冲突、工作环境特征占主导地位，新生代企业员工就会以消极的工作倦怠作出反应；积极的人格特征或是工作环境特征占主导地位，新生代企业员工则会以积极的工作投入作出反应。以生成过程而言，新生代企业员工工作倦怠和工作投入是在个体特质、工作家庭冲突、工作环境特征的静态影响和动态演变相互交替的共同作用下，演化生成的过程。各种影响都以既定的形式对工作倦怠和工作投入施加作用，同时又随时间的推移，对个体发生潜移默化的影响，从而使新生代企业员工对工作分化出不同的态度。以生成模式而言，新生代企业员工工作倦怠和工作投入既是个体对于个体特质、工作—家庭冲突、工作环境特征的心理觉解，又是工作倦怠和工作投入两者共同变化的过程，各种影响与新生代企业员工工作倦怠、工作投入是交互的共生的过程。

当然，新生代企业员工工作倦怠和工作投入的生成模型也不可避免地存在着一些瑕疵，如将工作—家庭冲突强行分割为家庭侵扰工作和工作侵扰家庭两个外源潜变量。究其原因，不难发现工作—家庭冲突问卷只是单向测量家庭侵扰工作和工作侵扰家庭，而没有涉及工作—家庭促进，这就使问卷设计对工作倦怠和工作投入的共生模型造成了一定影响。这也是今后研究需要改进之处。正如 Bagozzi 等指出：模式的适合度无法仅就单一准则或指标而定夺，必须重视整体模式的测试结果，不该存在而存在的无意义结果虽使指标测试结果很好，但却无益于理论或学理的推演。研究者必须避免这种数据引导模式（data driven model）的疏忽和缺失①。

最后需要说明的是，虽然新生代企业员工工作倦怠和工作投入的共生模型在同时权衡各种影响的前提下，能够较为系统、较为全面地反映新生代企业员工的工作倦怠和工作投入现状，但该模型的建立与其前面的分项研究是并行不悖的。因为，结构方程在研究方法上虽然具有诸多优点，但是全模型并不能细化到能够展现出各种因素对工作倦怠和工作投入具体表现的影响，也就是说，各种影响究竟与工作倦怠和工作投入哪个维度关联较密，对工作倦怠和工作投入哪个维度影响力较大，在全模型中是观察不到的。而这些盲点，恰恰是前期研究已经体现的。所以说，分项研究和全模型可以互为补充，并从微观和宏观两个角度，全面系统地展示了新生代企业员工工作倦怠和工作投入的具体表现和总体状况。

① Bagozzi R P, Yi Youjae. On the Use of Structural Equation Models in Experimental Designs [J]. Journal of Marketing Research, 1989, 26 (3): 271 - 284.

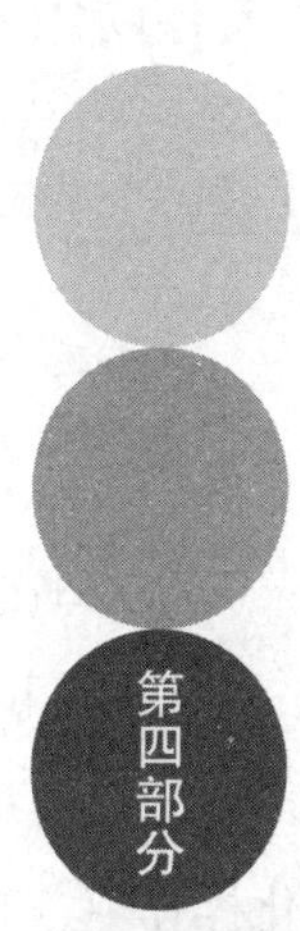

群体动力学作用下的新生代企业员工积极组织行为形成机制研究

一、过度教育对新生代企业员工工作投入的相对剥夺

1 个体认知与工作投入

工作投入（work engagement）概念最早由 Kahn 于 1990 年提出，后被 Schaufeli 等进一步发展和完善，认为工作投入是积极情感和高强动机在工作中的持续反应，可以从活力、奉献和专注三个角度进行概念化操作①。工作投入研究的理论基础是工作要求—资源模型，根据 Bakker 和 Demerouti 的观点，将工作特征划分为工作要求和工作资源，强调工作要求与工作资源不同程度的组合对工作投入的影响②。研究表明：自主度、任务多样性、工作重要性和反馈等工作特征会对从业者工作投入产生重要影响。同时，变革型领导、领导成员交换等社会因

① Schaufeli W B, Salanova M, Gonzalez - Roma V, Bakker A B. The measurement of burnout and engagement: A confirmatory factor analytic approach [J]. Journal of Happiness Studies, 2002, 3 (1): 71 - 92.

② Bakker A B, Demerouti E. The Job Demands - Resources model: State of the art [J]. Journal of Managerial Psychology, 2007, 22 (3): 309 - 328.

素对工作投入的作用在许多研究中也得到了证实①②。虽然工作要求—资源模型具有一定有效性，但其过于关注工作环境对工作投入的影响，缺少对个体因素的考量③，而且需要特别注意的是，该模型是随着人群特点的不同、文化习俗的不同而有所权变的模型。

结合中国具体国情，80 后、90 后的新生代企业员工已成为创造社会财富的主要生力军，这些新生代企业员工同上一代用工群体相比，总体受教育水平较高，他们特有的受教育经历、人格特点、价值观念等均有可能影响其工作表现。社会认知理论假设人类具有自我反思和自我调节能力，认为人类不仅是环境的消极反映者，而且还是环境的积极塑造者④。中国情境下新生代企业员工工作投入行为的产生，是外部环境与认知因素交互作用的产物。因此，有必要重点关注认知因素对这种权变关系的影响与作用机制。

1.1 核心自我评价与工作投入的关系

Judge、Locke 和 Durham 在整合自尊、自我效能感、控制点和情绪稳定性的基础上，提出了“广泛的、潜在的、高阶的”人格

---

① Christian M S, Garza A S, Slaughter J E. Work engagement: A quantitative review and test of its relations with task and contextual performance [J]. Personnel Psychology, 2011, 64 (1): 89-136.

② Rich B L, Lepine J A, Crawford E R. Job engagement: Antecedents and effects on job performance [J]. Academy of Management Journal, 2010, 53 (3): 617-635.

③ 吴亮，张迪，伍新春. 工作特征对工作者的影响——要求-控制模型与工作要求—资源模型的比较[J]. 心理科学进展，2010，18 (02): 348-355.

④ Bandura A. Social cognitive theory: An agentic perspective [J]. Annual Review of Psychology, 2001, 52: 1-26.

构念——核心自我评价，并将其定义为个体对自我能力和价值所持有的最基本的评价和估计①。自核心自我评价提出以来，有关核心自我评价与工作行为的关系研究在国外学术界受到关注，核心自我评价迅速成为组织行为学研究中不可或缺的个体差异性因素。Chang，Ferris，Johnson，Rosen 和 Tan 针对 149 项核心自我评价研究中出现的 599 个描述核心自我评价同结果变量关系的效应量进行元分析，结果表明：当员工具有较高的核心自我评价时，除了会表现出较高的生活工作满意感外，还会增进对组织的情感承诺，并表现出较强的工作动机、较高的工作绩效和积极的组织公民行为②。虽然国内关于核心自我评价在工作背景下研究还不多，但有研究指出：核心自我评价与工作结果变量存在直接关系③。借鉴国外核心自我评价的研究成果，并充分考虑东方集体主义组织文化背景的前提下，提出假设 1：新生代企业员工高水平的核心自我评价可以提升其工作投入水平。

1.2 心理授权对核心自我评价和工作投入关系的中介效应

心理授权由授权概念演变而来，Spreitzer 指出，心理授权是个体对工作任务形成的内化动机，体现了个体对工作的控制感，是个体对工作角色的积极定位，是工作意义、工作自主

---

① Judge T A. Core self－evaluations and work success［J］. Current Directions in Psychological Science，2009，18（1）：58－62.

② Chang C－H，Ferris D L，Johnson R E，Rosen C C，Tan J A. Core self－evaluations：A review and evaluation of the literature［J］. Journal of Management，2012，38（1）：81－128.

③ 黎建斌，聂衍刚．核心自我评价研究的反思与展望［J］．心理科学进展，2010，18（12）：1848－1857.

性、胜任力和影响力的认知综合体①。自我决定理论一直是心理授权研究中最重要的理论之一，该理论认为：任务的激励效果不是由任务活动的客观特征决定，而是由这些任务活动赋予人的心理意义所决定。任务给个体带来了自主型动机，个体就会受到激励②。一般而言，核心自我评价较高的个体通常会选择具有挑战性的工作，由此促使其工作动机得到内化，进而对心理授权的感知产生强化。例如，Judge 和 Hurst 的研究就证实了核心自我评价对心理授权的正向影响③。此外，持续增强的内部动机会有效提升员工组织公民行为。Seibert 对于心理授权的元分析表明：心理授权水平较高的个体会对自己的工作态度与工作行为产生更为积极的知觉或体验④。基于以上分析，可将心理授权视为中介变量，如果员工核心自我评价较高，其心理授权程度就会得到增强，增强的内部动机继而影响其工作投入水平。提出假设 2：心理授权在新生代企业员工核心自我评价与工作投入关系之间有中介效应。

1.3 过度教育对心理授权中介效应的调节作用

随着中国高等教育连续十几年的扩招，高学历已然成为新

---

① Spreitzer G. Participative Organizational Leadership, Empowerment, and Sustainable Peace [J]. Journal of Organizational Behavior, 2007, 28 (8): 1077 – 1096.

② Deci E L, Ryan R M. The 'what' and 'why'of goal pursuits: Human needs and the self – determination of behavior [J]. Psychological Inquiry, 2000, 11 (4): 227 – 268.

③ Judge T A, Hurst C. Capitalizing on one's advantages: Role of core self – evaluations [J]. Journal of Applied Psychology, 2007, 92 (5): 1212 – 1227.

④ Seibert S E, Wang G, Courtright S H. Antecedents and consequences of psychological and team empowerment in organizations: A meta – analytic review [J]. Journal of Applied Psychology, 2011, 96 (5): 981 – 1003.

生代企业员工的一个显著特征，而这些高学历员工的增加在某种程度上已超出劳动力市场的吸纳能力，因此，许多人不得不接受一份与他们实际教育水平不相匹配的工作。由此，过度教育成为该群体日益凸显的现实问题。过度教育是指受教育者由教育带来的知识、能力、技能等超出了自身工作的需要。依据相对剥夺理论，组织中员工对工作环境的反应，受他们自我评估以及和比较对象多方面对比结果的影响①。一方面，核心自我评价高的个体会对工作产生较高预期，当个体感觉到为工作所投入的前期教育成本并未获得相应收获时，会大大降低其工作动机。Agut 和 Peiró 的研究表明过度教育对个人主动性和内在工作价值观有着消极影响②。据此推断，过度教育作为人职匹配程度的重要指标，在核心自我评价与心理授权关系间起负向调节作用。另一方面，过度教育的个体通过与那些和他们从事类似工作但学历低于他们的人相比，会感觉工作预期没有得到满足，比如技能得不到充分发挥、较低薪酬以及有限的社会人际关系等，进而产生相对剥夺感。研究表明，相对剥夺感不但会降低个体对工资的满意水平，还会对其身心健康产生不利影响③④。

---

① Crosby F. Relative deprivation in organizational settings [J]. Research in organizational behavior: An annual series of analytic essays and critical reviews, 1984, 6: 51 - 93.

② Agut S, Peiró J M, Grau R. The effect of overeducation on job content innovation and career enhancing strategies among young Spanish employees [J]. Journal of Career Development, 2009, 36 (2): 159 - 182.

③ Buunk B P, Janssen P P M. Relative deprivation, career issues, and mental health among men in midlife [J]. Journal of Vocational Behavior, 1992, 40 (3): 338 - 350.

④ Sweeney P D, McFarlin D B, Inderrieden E J. Using Relative Deprivation Theory to Explain Satisfaction with Income and Pay Level: A Multi - study Examination [J]. Academy of Management Journal, 1990, 33 (2): 423 - 436.

可以说，过度教育不可避免地造成新生代企业员工对自身工作角色的消极定位，由此削弱了个体心理授权与工作投入的正向关系。基于上述推测，提出假设3：过度教育在心理授权的中介效应中发挥着调节作用。整体研究架构见图4－1－1。

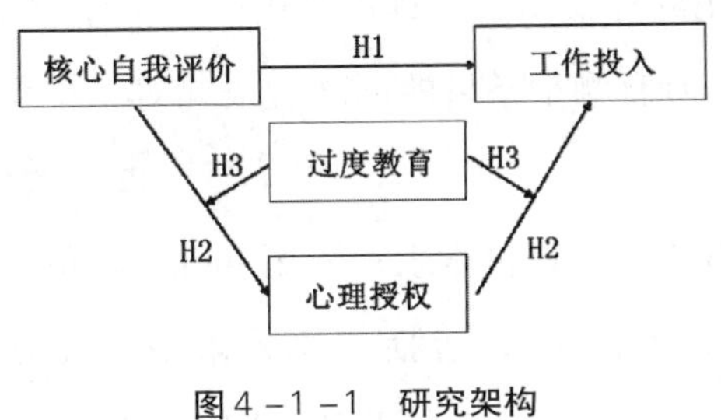

图4－1－1　研究架构

2 新生代企业员工个体认知与工作投入的测评

2.1 被试

问卷调查在北京、上海、哈尔滨、大连、青岛等地的16家企业中进行，这些企业覆盖了国有、民营、外资和合资等组织类型，被试是1978年以后出生的新生代企业员工，性别分布平衡。鉴于新生代企业员工知识水平较高的特点，在人事专员的协调下，简要介绍研究目的并承诺匿名性之后，任何感兴趣的被试可以自由选择是否要参加。根据其个人意愿，问卷的发放采用现场作答和网络作答二选一的方式进行，并通过平衡项目顺序、匿名测评等方法控制共同方法偏差。根据筛选标准，剔除未完成和胡乱作答（连续出现10个或以上同一答案，或有规律）等无效问卷39份，剩余合格问卷447份，有效回收率为91.98%。被试中，74%以上拥有本科学历，81.4%未婚；男性占49.9%，女性占50.1%。

2.2 工具

研究采用的外文测量工具在使用前，依据“翻译－回译”程序①，明确所有测量条目的词义、语句等，确保语境和表达上无歧义。

2.2.1 核心自我评价量表　采用Judge，Erez，&Bono编制的核心自我评价量表②，包括“总的来说，我对自己感到满意”等12个条目。采用5点评定，“1”表示“完全不同意”到“5”表示“完全同意”，分数越高，核心自我评价越高。Cronbach's α为0.76。各项拟合指数良好：$\chi^2/df=3.96$、RMSEA＝0.08、GFI＝0.86、NFI＝0.90、CFI＝0.87。

2.2.2 工作投入量表　采用Schaufeli等编制，张轶文和甘怡群译订的工作投入问卷③，包括“在工作中，我感到自己迸发出能量”等15个条目。采用7点评定，“0”表示“从来没有”到“6”表示“总是”，分数越高，工作投入水平越高。总量表Cronbach's α为0.94。

2.2.3 心理授权量表　采用Spreitzer编制，李超平、李晓

---

① Brislin R W. Translation and content analysis of oral and written materials [C] // Triandis H C, Berry J W. Handbook of cross－cultural psychology (Vol 2). Boston, MA: Allyn & Bacon, 1980: 389－444.

② Judge T A, Erez A, Bono J E, Thoresen C J. The Core Self－Evaluations Scale (CSES): Development of a measure [J]. Personnel Psychology, 2003, 56 (2): 303－331.

③ 张轶文，甘怡群．中文版Utrecht工作投入量表（UWES）的信效度检验［J］．中国临床心理学杂志，2005，13（03）：268－271.

轩、时勘、陈雪峰修订的心理授权量表①，包含工作意义、工作自主性、胜任力和影响力四个维度，共12个条目。采用5点评定，“1”表示“非常不同意”到“5”表示“非常同意”，分数越高，心理授权水平越高。Cronbach's α为0.84。

2.2.4 不匹配感知量表　采用Johnson等人编制的不匹配感知量表②，包括“我的学历水平超过了目前工作所需”等4个条目。采用5点评定，“1”表示“完全不同意”到“5”表示“完全同意”，分数越高，感知到的过度教育水平越高。Cronbach's α为0.76。各项拟合指数良好：$\chi^2/df=3.56$、RMSEA=0.76、GFI=0.91、NFI=0.90、CFI=0.89。

3 新生代企业员工核心自我评价、过度教育、心理授权与工作投入的关系

3.1 同方法偏差检验

运用AMOS对核心自我评价、工作投入、心理授权和过度教育4个构念进行验证性因素分析。结果表明：4因子模型拟合效果最好（$\chi^2/df=4.76$，RMSEA=0.08、GFI=0.81、NFI=0.87、CFI=0.89），4个构念具有较好的区分效度。验证性因子分析也可以用于Harman单因素检验，对共同方法变异严重程度

① 李超平，李晓轩，时勘，陈雪峰．授权的测量及其与员工工作态度的关系[J]．心理学报，2006，38（1）：99－106.

② Johnson G J，Johnson W R. Perceived overqualification and psychological well－being[J]. Journal of Social Psychology，1996，136（4）：435－445.

进行诊断，结果发现没有一个共同因素被析出。4 因子模型拟合最优表明，尽管同源方差可能存在，但对研究影响较小。

3.2 描述性统计结果

表 4－1－1 给出了新生代企业员工各变量上的平均数、标准差及变量间相关系数。结果表明：核心自我评价与工作投入显著正相关（$r=0.304$，$p<0.01$）；过度教育与工作投入显著负相关（$r=-0.300$，$p<0.01$），而与核心自我评价相关不显著；心理授权与过度教育显著负相关（$r=-0.286$，$p<0.01$），与工作投入显著正相关（$r=0.618$，$p<0.01$）。

表 4－1－1 变量的平均数、标准差及零阶相关结果

变量	M	SD	1	2	3	4
核心自我评价	26.68	4.69	—			
过度教育	13.65	2.13	0.021	—		
心理授权	40.04	6.94	0.311**	-0.286**	—	
工作投入	54.15	17.68	0.304**	-0.300**	0.618**	—

注：$*p<0.05$；$**p<0.01$

3.3 心理授权对核心自我评价和工作投入关系的中介效应检验

根据 Baron 和 Kenny 的研究，中介效应的存在应满足如下条件：①自变量对因变量存在显著影响；②自变量对中介变量

存在显著影响；③自变量和中介变量共同解释因变量时，中介变量效应显著而自变量的效应消失或减弱①。鉴于新生代企业员工核心自我评价和工作投入相关显著，故采用层级回归方法进行相关检验。为尽量避免变量间多重共线性的影响，采纳Aiken和West的建议，将所有变量做中心化处理②。首先，控制了相关人口学变量（包括性别、年龄、职业类别）后，核心自我评价对工作投入有显著影响（$\beta = 0.399$，$p < 0.001$），假设1得到了支持。其次，核心自我评价对心理授权也有显著正向影响（$\beta = 0.418$，$p < 0.001$）。再次，在加入心理授权变量后（Model 1），核心自我评价对工作投入的影响系数减弱（$\beta = 0.172$，$p < 0.001$）。根据Sobel检验公式，证实了核心自我评价通过心理授权作用于工作投入的间接效应（$z = 8.244$，$p < 0.001$），通过公式 $ab/(c' + ab) = 0.257/(0.656 + 0.257)$，求得本研究中的心理授权的中介效应占总效应的比例为39%，假设2得到证实。

3.4 过度教育对心理授权中介效应的调节作用检验

鉴于心理授权在新生代企业员工核心自我评价与工作投入关系中产生了中介效应，拟进一步考察心理授权的中介效应是否受到过度教育的调节。对有调节的中介效应进行检验前，需

---

① Baron R M, Kenny D A. The moderator – mediator variable distinction in social psychological research: Conceptual, strategic, and statistical considerations [J]. Journal of Personality and Social Psychology, 1986, 51 (6): 1173 – 1182.

② Aiken L S, West S G. Multiple regression: Testing and interpreting interactions [M]. Thousand Oaks, CA: Sage, 1991: 1 – 18.

要首先满足的条件是：中介作用的总效应成立，且调节变量与自变量的交互作用不影响因变量①。在满足有调节的中介效应检验的前提下，采用 Muller，Judd 和 Yzerbyt 关于检验有调节的中介效应程序②，以此建立以下 3 个回归方程，进行有调节的中介效应检验。

$$Y = b_{10} + b_{11}X + b_{12}Mo + b_{13}XMo + \varepsilon \quad (1)$$

$$Me = b_{20} + b_{21}X + b_{22}Mo + b_{23}XMo + \varepsilon_2 \quad (2)$$

$$Y = b_{30} + b_{31}X + b_{32}Mo + b_{33}XMo + b_{34}Me + b_{35}MeMo + \varepsilon_3 \quad (3)$$

以下任何一种情况成立，则可判定对中介变量的调节作用成立。第一，自变量与调节变量的交互作用显著影响中介变量（b_{23}、b_{34}显著）；第二，自变量与中介变量的交互作用显著影响因变量（b_{21}、b_{35}显著）；第三，自变量与调节变量的交互作用以及调节变量与中介变量的交互作用同时显著影响因变量（ b_{23}、b_{34}、b_{21}、b_{35}均显著）。

表 4－1－2　层级回归结果：过度教育与心理授权的作用

预测变量	M_1	M_2	M_3	M_4
	工作投入	工作投入	心理授权	工作投入
控制变量				
性别	−0.011	−0.000	−0.007	−0.002
年龄	−0.151***	−0.132**	0.002	−0.139***

① 张莉，林与川．实验研究中的调节变量和中介变量[J]．管理科学，2011，24（01），108－116.

② Muller D，Judd C M，Yzerbyt V Y. When moderation is mediated and mediation is moderated [J]. Journal of Personality and Social Psychology，2005，89（6）：852－863.

续表

预测变量	M_1	M_2	M_3	M_4
	工作投入	工作投入	心理授权	工作投入
职业类别	-0.093**	-0.098*	-0.036	-0.084*
自变量：核心自我评价	0.172***	0.375***	0.392***	0.175***
调节变量：过度教育		-0.255***	-0.272***	-0.112**
核心自我评价×过度教育		-0.083	-0.089*	-0.004
中介变量：心理授权	0.543***			0.489***
心理授权×过度教育				0.084*
R^2	0.430	0.257	0.256	0.031
ΔR^2	0.243	0.007	0.008	0.418
F	66.432***	25.389***	25.212***	44.553***
ΔF	154.264***	3.889*	4.468*	66.428***

注：* $p<0.05$；** $p<0.01$；*** $p<0.001$

依据上述程序，首先，以核心自我评价、过度教育及其交互作用作为预测变量，以工作投入作为因变量进行层次回归分析，检验过度教育对核心自我评价和工作投入关系的调节效应。结果发现：核心自我评价对工作投入具有显著的正向预测作用（$\beta=0.375$，$p<0.001$），而过度教育对工作投入具有显著的负向预测作用（$\beta=-0.255$，$p<0.001$），核心自我评价与过度教育的交互作用项进入回归方程后，对新生代企业员工的工作投入未产生显著影响（$\beta=-0.083$，$p>0.05$）见表4-1-2（Model 2）。

其次，以核心自我评价、过度教育及其交互作用作为预测变量，以心理授权作为因变量进行回归分析，见表4-1-2

(Model 3)。结果表明：核心自我评价（$\beta = 0.392$，$p < 0.001$）、核心自我评价同过度教育的交互（$\beta = -0.089$，$p < 0.05$）对心理授权的作用效果显著。

最后，以核心自我评价、过度教育、核心自我评价和过度教育交互作用项、心理授权、过度教育同心理授权的交互作用项为预测变量，以工作投入作为因变量进行回归分析。结果表明：心理授权（$\beta = 0.489$，$p < 0.001$）、心理授权和过度教育交互（$\beta = 0.084$，$p < 0.05$）对工作投入的作用效果显著，见表4-1-2（Model 4）。

可见，在满足总体中介效应显著而总体调节效应不显著的前提下，核心自我评价与过度教育的交互作用显著影响新生代企业员工心理授权；心理授权与过度教育的交互作用又进而显著影响新生代企业员工工作投入。据此判定过度教育对心理授权中介效应的调节作用成立，假设3得到证实。

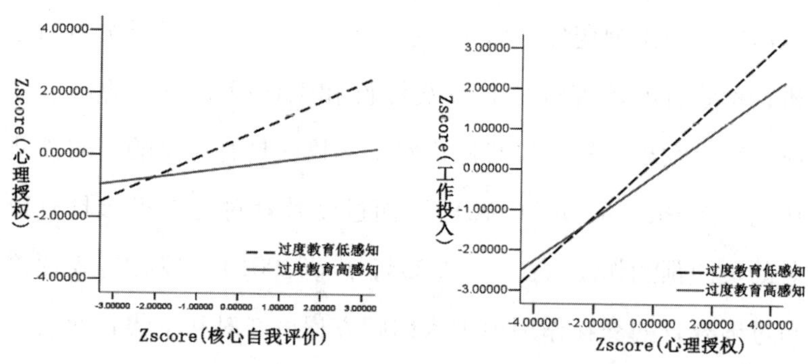

图4-1-2　过度教育对心理授权中介效应的调节作用

为进一步细化过度教育对心理授权中介效应的调节作用，图4-1-2分别以高于均值一个标准差和低于均值一个标准差为基准①，描述了不同水平的过度教育感知在核心自我评价与心理授权关系上，以及心理授权与工作投入关系上的差别。可以看出，新生代企业员工的过度教育感知越高，核心自我评价与心理授权的正向关系就越弱，进而心理授权与工作投入的正向关系也就越弱。这表明，过度教育削弱了核心自我评价与心理授权的正向关系，在过度教育高感知的情况下，心理授权又转而降低了员工的工作投入水平。

4 个体认知作用下的新生代企业员工工作投入分析

基于社会认知理论、自我决定理论和相对剥夺理论，对新生代企业员工核心自我评价与工作投入关系进行探讨。

首先，核心自我评价对新生代企业员工工作投入的主效应得到了回归分析结果的支持。核心自我评价较高的新生代企业员工，通常具有较高的工作投入。体现在组织环境中，新生代企业员工通过与工作环境的磨合以及对任务成败的总结，会持续积累、沉淀和概化自身能力与价值。因此，高自我评价的新生代企业员工通常具备积极的工作态度，这也是核心自我评价带动工作投入产生的重要原因。

其次，心理授权对新生代企业员工核心自我评价和工作投入间的关系起部分中介效应。心理授权强调个体感知到的授权程度，反映了个体对工作及自己在组织中角色的知觉或态度。

---

① Cohen J，Cohen P，West S G，Aiken L S. Applied multiple regression/correlation analysis for the behavioral sciences (3rd ed.) [M]. Mahwah，NJ US：Lawrence Erlbaum Associates Publishers，2003：3 -35.

研究表明，如果新生代企业员工能够自主决定自己的行为，有能力在富有意义的任务上取得预期的结果，并且能够通过关系的建立在群体中产生一定影响，其内部动机就会得到维持或增强。这种持续的自主型动机不但反映了新生代企业员工对自身能力和价值所持有的最基本评价和估计，还会进一步促进其在工作中充满热情、积极奉献、主动融入。这一结论也成功验证了自我决定理论在职业健康心理学研究中的可推广性，并启发研究者进一步深入探索如何对新生代企业员工进行自我启发式培训，促进其自主型动机的整合。

再次，研究结果证实，新生代企业员工心理授权对核心自我评价与工作投入关系的部分中介效应受到过度教育的调节作用。这种调节作用不仅表现在核心自我评价与心理授权的关系上，同时还体现在心理授权与工作投入的关系上，这说明新生代企业员工心理授权对工作投入的影响是有调节的中介效应。一方面，新生代企业员工渴望人格的独立和他人的尊重，乐于参与有价值和挑战性的工作任务。但是，当员工自认为大胆创新无法得到组织的认同，或是付出的脑力劳动得不到相应的尊重，会感觉到对于组织的发展决策和管理工作缺少话语权，从而使得过度教育高感知削弱了核心自我评价对心理授权的积极影响。另一方面，新生代企业员工职业生涯刚刚开始，他们迫切地希望将自己的利益与组织发展密切结合，虽然心理授权有助于提高信息的透明度，增加员工程序公正感，但如果新生代企业员工受人职不匹配因素影响，对组织目标缺乏认同，同样会降低其工作投入程度，这对于过度教育高感知群体尤为明显。

新生代企业员工核心自我评价通过心理授权对其工作投入产生正向影响，该效应之所以发生，是由于在组织环境中，自主、关系和胜任等因素能够满足个体的基本心理需求，从而促使个体自主型动机的形成，并在自我决定的基础上，最终提升个体工作投入水平。核心自我评价对工作投入的影响强度因过度教育的高低而异，过度教育感知越高，对心理授权的感受度越低，核心自我评价与心理授权关系越弱，继而降低工作投入程度的可能性越大。因此，对于年轻人来讲，进行合理的职业生涯规划，选择一份与自身教育水平相匹配的工作非常重要，尽管有时候它并没有吸引人的外在奖励。对于企业来讲，招聘前进行合理的工作分析，注意工具性支持与情感性支持并重，充分地体现出对新生代企业员工的情感尊重和智力尊重，也十分必要。

二、情感传染对新生代企业员工工作投入的传递效应

1 情感传染与工作投入

2008 年，欧洲 *Work & Stress* 杂志出版关于工作投入的专刊，卷首语指出：工作投入是组织健康发展所需的积极力量，会对工作持续产生“循环增益”效应，是一种新型研究思路①。工作投入作为工作认知与工作情感的结合体，兼备状态性和特质性双面表征，可从活力、奉献和专注三个角度进行概念化操作②。在工作投入的众多前因变量中，情感对工作投入的影响最为直接。现有研究多从个体层面探讨情感体验与工作投入的关系，忽略团队层面情感力量对工作投入的影响机理，将大大降低研究解释力。

心理学家将人视为“行走的情感效应器”，认为情感会通过面部表情、话语及肢体语言等形式表达出来，在群体内产生模仿效应，正所谓“蓬生麻中，不扶而直；白沙在涅，与之

---

① Taris T W, Cox T, Tisserand M. Engagement at work: An emerging concept [J]. Work & Stress, 2008, 22 (3): 185 – 186.

② Bledow R, Schmitt A, Frese M, Kühnel J. The affective shift model of work engagement [J]. Journal of Applied Psychology, 2011, 96 (6): 1246 – 1257.

俱黑”。情感传染的发生是一种社会比较与学习过程，面对不确定的情境，人们倾向于将自身情感效价与团队中其他人的情感表达相比较。当认为他人的情感模式更符合团队规范时，个体会有意识地表现出与他人情感相谐调的状态①。George 在 *Journal of Applied Psychology* 上发表了一篇团队情感形成机制的标志性论文，将团队内持续一致且相似性极高的情感反应命名为“团队情感基调”②。同个体情感类似，团队情感基调分为积极和消极两个向量。团队积极情感基调作为员工对幸福、自豪等正性情感的共性感知及联合体验，可在群体内相互传染，从而调动员工周围情感资源并提升工作投入。

新生代企业员工已成为企业发展和创造社会财富的生力军。新生代企业员工群体自我意识较强，对这部分员工的关注及管理，是当前企业人力资源管理的重要内容。在深受集体主义文化渲染的中国企业，常以“人心齐，泰山移”、“团结就是力量”为导向，通过树立团队积极情感基调，影响团队成员合作和任务目标共享，进而有效提高工作绩效。这充分体现了团队工作过程中员工相互协调促进的外部优化作用，而新生代企业员工个体对于团队积极情感基调的内化理解与认知加工，则是任务执行成功与否的关键。其中，团队积极情感基调这一远端变量，如何通过塑造个体认知（如核心自我评价）等近端变量带动工作投入的路径模型，尚需明确。情绪传染理

① Barsade S G，Gibson D E. Group affect：Its influence on individual and group outcomes［J］. Current Directions in Psychological Science，2012，21（2）：119－123.

② George J M. Personality，affect，and behavior in groups［J］. Journal of Applied Psychology，1990，75（2）：107－116.

论认为，团队领导者的特征和行为会在团队中和下属员工间产生涓滴效应或下行传递效应（trickle-down effect）。遗憾的是，鲜有实证研究对领导力情绪传染的边界作用做出解释。事实上，随着组织管理结构越发朝着扁平化发展，领导和员工的关系比人们通常所认为的单极化结构更为复杂。何种情况下领导与员工间的双向互动能够发挥最理想的效果？尤其是下行传递效应表现最为明显的团队领导心理资本，在新生代企业员工个体特征影响工作投入的权变过程中发挥了何种作用？通过实证研究，对团队积极情感基调和团队领导心理资本传递路径应当做出合理解释。

1.1 团队积极情感基调与新生代企业员工工作投入

Fredrickson 指出，积极情感能够通过拓展和建构功能提升个体的认知能力与行为表现①。个体层面上，员工积极情感的表达能够带来多方面的积极结果，包括工作幸福感、组织公民行为等②。团队层面上，团队积极情感情调能够带来工作绩效方面的改善。例如，Tsai 等的研究指出，团队积极情感基调可以有效增进员工创新绩效③。Knight 和 Eisenkraft 对团队情感的元分析发现：团队积极情感对员工的任务绩效发挥持续正向

---

① Fredrickson B L. Positive emotions broaden and build [J]. Advances in experimental social psychology, 2013, 47: 1-53.

② 翁清雄，陈银龄．职业生涯幸福感概念介绍：理论框架构建与未来展望 [J]. 外国经济与管理，2014，36 (12): 56-63.

③ Tsai W C, Chi N W, Grandey A A, Fung S C. Positive group affective tone and team creativity: Negative group affective tone and team trust as boundary conditions [J]. Journal of Organizational Behavior, 2012, 33 (5): 638-656.

作用①。鉴于工作投入已成为衡量从业者周边绩效的重要指标，且工作投入在积极情感激活状态下产生，当员工较多体会到团队积极情感基调引发的愉悦体验时，其体力、情感和认知水平都会处于高度唤醒状态，从而使工作投入与团队积极情感基调产生“对称效应”。故提出假设1：团队积极情感基调与新生代企业员工工作投入正相关。

1.2 员工核心自我评价的中介作用

核心自我评价是自尊、自我效能感、控制点和情绪稳定性的整合构念，代表了个体对自我能力和自我价值的基准评价②。Walter 和 Bruch 的研究指出，团队积极情感基调能带动员工对个体资源加以强化和重塑，对个体情感和认知具有螺旋上升的推动作用③。具体到工作环境中，员工作为积极情感基调的表达对象，能够获得相对较多的鼓舞与优待，这向员工发出了信号，即他们已在团队中获取了个人空间并被团队所认可。个体会因为可以接触到积极的情感资源和获得良好的对待而产生自我价值感，并将团队积极情感的传递视为通往成功的潜在机会。由此，提出假设2：团队积极情感基调与新生代企

① Knight A P，Eisenkraft N. Positive Is Usually Good，Negative Is Not Always Bad：The Effects of Group Affect on Social Integration and Task Performance [J]. Journal of Applied Psychology，2014，100（4）：1214－1227.

② Judge T A，Erez A，Bono J E，Thoresen C J. The Core Self－Evaluations Scale（CSES）：Development of a measure [J]. Personnel Psychology，2003，56（2）：303－331.

③ Walter F，Bruch H. The positive group affect spiral：A dynamic model of the emergence of positive affective similarity in work groups [J]. Journal of Organizational Behavior，2008，29（2）：239－261.

业员工核心自我评价正相关。

核心自我评价是员工与外部同质性群体进行互动的心理动力之一，其作用机制主要通过帮助个体建立对自我和外在情境的积极认知，赋予个体相应的工作体验。研究证明，核心自我评价在个体的诸多方面有积极影响，当员工具有较高核心自我评价时，不仅会增进对组织的情感承诺，还会表现出心理授权和积极组织公民行为①②。在上述研究基础上，提出假设3：核心自我评价与新生代企业员工工作投入正相关。

团队积极情感基调从群体动力学角度向员工传递了积极的情感信号，而核心自我评价则承担联结内外信息的纽带作用——从外部获取信息并且将接收到的快乐情感信息输入到认知加工系统，产生认知层面的效能，从而促进员工表现出积极、完全的工作投入状态。因此，团队积极情感基调与核心自我评价对工作投入的影响并不是相互孤立的，而是存在着密切联系的——远端变量通过近端变量发生作用，而这样的传导过程被证明是对工作结果有利的③。Totterdell的纵向研究发现，团队积极情感会对专业板球队员的个体特质产生影响，进而提

① Chang C H，Ferris D L，Johnson R E，Rosen C C，Tan J A. Core self－evaluations：A review and evaluation of the literature［J］. Journal of Management，2012，38（1）：81－128.

② 张琳琳，DeJoy D M，李楠．新生代企业员工核心自我评价与工作投入的关系：有调节的中介模型［J］．软科学，2013，27（4）：111－115.

③ 陆欣欣，涂乙冬．工作投入的短期波动［J］．心理科学进展，2015，23（2）：268－279.

高球员得分率①。Chang 等人的元分析显示，员工对积极工作氛围的感知与核心自我评价显著相关（ρ =0.39），核心自我评价与知觉到的组织公平（ρ = 0.15）及组织支持感（ρ = 0.26）都存在正相关②。基于上述研究，提出假设 4：核心自我评价在团队积极情感基调和新生代企业员工工作投入关系间起中介作用。

1.3 团队领导心理资本的下行传递效应

心理资本是以积极心理状态为基础的概念，由效能感、希望、乐观和坚韧四要素构成，具有相对稳定性及可开发性特征③。团队领导心理资本经由情绪传染和交叉影响所产生的传递效应，表现为领导和团队间传递以及领导和下属员工间传递两条路径。

团队层面上，团队领导心理资本的作用机制在于影响并控制团队资源和互动模式，因为权力和地位的差异，领导者更容易成为团队学习的榜样。Collins 等指出，领导者积极特征的真

---

① Totterdell P. Catching moods and hitting runs: Mood linkage and subjective performance in professional sport teams [J]. Journal of Applied Psychology, 2000, 85 (6): 848 – 859.

② Walter F, Bruch H. The positive group affect spiral: A dynamic model of the emergence of positive affective similarity in work groups [J]. Journal of Organizational Behavior, 2008, 29 (2): 239 – 261.

③ Luthans F, Avolio B J, Avey J B, Norman S M. Positive psychological capital: Measurement and relationship with performance and satisfaction [J]. Personnel psychology, 2007, 60 (3): 541 – 572.

实表露，是团队积极情感基调的来源①。甚至有研究表明，领导者利用情绪智力对团队过程有目的的操控，同样会引导团队朝着预期的积极情感状态方向发展②。由以上分析可以得出，团队领导心理资本经历“吸引－选择－磨合”的示范过程，有利于带动团队积极情感基调的形成，故提出假设5：团队领导心理资本与团队积极情感基调正相关。

跨层面上，领导力的下行传递效应表现为团队领导心理资本与员工个体特征间同步性的镜像互动。其中，团队领导心理资本与员工内隐特质的匹配程度，将最终影响员工的工作状态。当员工特质受领导特质的启发，并与之相匹配时，核心自我评价会得以充分输出。如果员工和领导者共性较低，一般来说两者情感上的联结较弱，下属员工会通过观点采择对领导力加以判断，如果团队领导心理资本不足以激活员工与工作投入相关联的人格特质，那么员工工作投入可能会有所降低。有关领导力“移入与调节”作用的研究表明，在领导功效认知高的环境中，个体核心自我评价与工作绩效相关更高③。正是由于团队领导心理资本下行传递过程中所表现出的强化或干扰效应，才会使得员工核心自我评价与工作投入的关系出现增强或

---

① Collins A L, Lawrence S A, Troth A C, Jordan P J. Group affective tone: A review and future research direction [J]. Journal of Organizational Behavior, 2013, 34 (S1): 43 –62.

② Côte S, Hideg I. The ability to influence others via emotion displays: A new dimension of emotional intelligence [J]. Organizational Psychology Review, 2011, 1 (1): 53 –71.

③ Kacmar K M, Collins B J, Harris K J, Judge T A. Core self – evaluations and job performance: The role of the perceived work environment [J]. Journal of Applied Psychology, 2009, 94 (6): 1572 –1580.

弱化趋势，故提出假设6：团队领导心理资本在新生代企业员工核心自我评价与工作投入关系间起调节作用。

综上，基于情绪传染理论，采用跨层方法，考察团队情境中新生代企业员工工作投入的生成模式，其框架如图4-2-1。

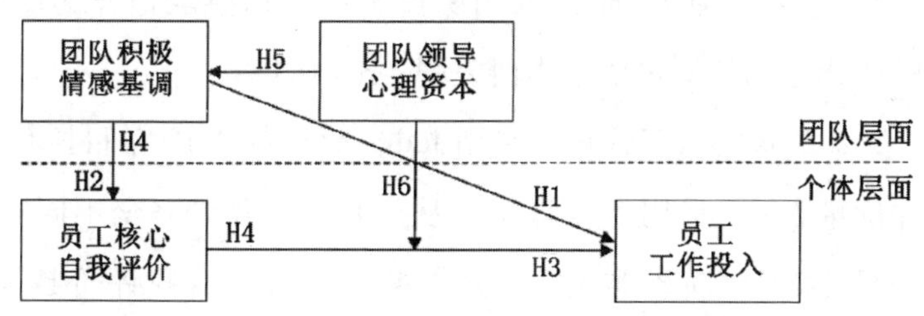

图4-2-1　团队情境中新生代企业员工工作投入生成模式

2 新生代企业员工情感传染与工作投入的测评

2.1 样本

采用问卷法，从哈尔滨、大连、北京、上海等地10家企业的团队领导及下属新生代员工收集数据，团队领导心理资本数据由领导提供，团队积极情感、核心自我评价、工作投入数据由相应员工提供。共76名团队领导和398名新生代企业员工参与调查，最终得到74组总计324份有效匹配的团队数据。人数最多的团队有16人，最少有3人，平均每组有4.39名员工填答问卷。其中，男性233人，占71.9%，女性91人，占28.1%；受教育程度以本科为主，占65.1%；平均年龄为33.5岁。

2.2 工具

2.2.1 团队积极情感基调　使用 Watson 等编制的 10 条目正性情感量表①，采用 5 点评定，从“1”表示“完全没有”到“5”表示“非常强”。取团队员工积极情感均值作为团队积极情感基调的测量值。本研究中，α =0.88。

2.2.2 核心自我评价　采用 Judge 等编制的 12 条目核心自我评价量表②，采用 5 点评定，从“1”表示“完全不同意”到“5”表示“完全同意”，分数越高，核心自我评价越高。本研究中，α =0.84。

2.2.3 工作投入　采用 Schaufeli 等编制的 15 条目工作投入问卷③，采用 7 点评定，从“0”表示“从来没有”到“6”表示“总是”，分数越高，工作投入水平越高。本研究中，α =0.93。

2.2.4 心理资本　采用 Luthans 等编制的 24 条目心理资本量表④，采用 5 点评定，从“1”表示“完全不同意”到“5”表示“完全同意”，分数越高，心理资本越高。本研究中，α =0.81。

---

① Watson D, Clark L A, Tellegen A. Development and validation of brief measures of positive and negative affect: the PANAS scales [J]. Journal of personality and social psychology, 1988, 54 (6): 1063 – 1070.

② Judge T A, Erez A, Bono J E, Thoresen C J. The Core Self – Evaluations Scale (CSES): Development of a measure [J]. Personnel Psychology, 2003, 56 (2): 303 – 331.

③ Schaufeli W B, Salanova M, González – Romá V, Bakker A B. The measurement of engagement and burnout: A two sample confirmatory factor analytic approach [J]. Journal of Happiness studies, 2002, 3 (1): 71 – 92.

④ Luthans F, Avolio B J, Avey J B, Norman S M. Positive psychological capital: Measurement and relationship with performance and satisfaction [J]. Personnel psychology, 2007, 60 (3): 541 – 572.

2.3 数据分析

团队积极情感基调是从个体层面聚合成团队层面的构念。*ICC*（1）、*ICC*（2）、*R*wg 是判断个体数据聚合为团队概念是否可靠的常用指标。通过计算，*ICC*（1）和 *ICC*（2）分别为0.26和0.68，高于 *ICC*（1）>0.05，*ICC*（2）>0.5 的经验标准。*R*wg 指标的平均数和中位数分别为 0.88 和 0.93，高于0.7 的判断标准。不同团队对积极情感的感知存在显著的组间变异，F（73，250）=2.71，$p < 0.001$。因此，将积极情感聚合成团队层面的构念是可行的。

3 团队积极情感基调、领导心理资本、核心自我评价与工作投入的关系

3.1 共同方法偏差检验

研究采用异源评价法在程序上进行了一定的控制，但积极情感、核心自我评价和工作投入等数据由员工自陈完成。故运用 Harman 单因素检验，对共同方法变异严重程度进行诊断，结果发现没有单一因子被析出。分别构建三个结构方程模型进行比较，结果显示三因子模型拟合效果最好（$\chi^2/df = 3.25$，GFI＝0.81，NFI＝0.87，CFI＝0.89，RMSEA＝0.03），研究中不存在严重的共同方法偏差。

3.2 描述性分析

各变量的平均数、标准差、相关系数如表4－2－1所示。可以看出，人口学变量与核心自我评价及工作投入的相关均未达到显著水平，因此在多层线性模型分析中不再纳入这些控制变量。

表4－2－1 描述性统计结果

变量	M	SD	1	2	3	4	5
第一层变量							
1 性别	1.30	0.45	—				
2 学历	2.98	0.65	0.03	—			
3 积极情感	30.32	7.71	－0.07	0.20*	—		
4 核心自我评价	41.24	7.32	－.04	0.01	0.54**	—	
5 工作投入	63.25	16.76	－0.02	0.09	0.62**	0.64**	—
第二层变量							
1 团队领导心理资本	104.92	9.18					

注：* $p<0.05$；** $p<0.01$

3.3 假设检验

HLM分析结果如表4－2－2所示，M_1 表明工作投入的组内方差（σ^2）与组间方差（γ_{00}）分别为171.87和62.38，组间方差占总方差的27%，大于6%的临界标准，且员工工作投入存在显著的组间变异，$F(73, 250)=3.82$，$p<0.001$，故有必要进行多层线性分析。根据中介效应检验步骤，首先，M_2 检验自变量 X_j 对因变量 Y_{ij} 的直接效应 c（$\gamma_{01}^{c}=1.73$，$p<0.001$），假设1得到验证。其次，M_3 检验自变量 X_j 对中介变量 M_{ij} 的直接效应 a（$\gamma_{01}^{a}=$

0.65，$p < 0.001$)，假设2得到验证。再次，M_4 检验自变量 X_j 和中介变量 M_{ij} 同时对因变量 Y_{ij} 的作用效应 b 和 c'。员工核心自我评价的组内效应对工作投入具有正向作用（$\gamma_{10}^{b} = 1.71$，$p < 0.001$)，员工核心自我评价的组间效应也对工作投入具有正向作用（$\gamma_{02} = 0.87$，$p < 0.001$)，假设3得到验证；团队积极情感基调对员工工作投入的作用力下降（$\gamma_{01}^{c'} = 1.20$，$p < 0.001$)，核心自我评价对团队积极情感基调与员工工作投入的跨层中介效应成立，假设4得到验证。此外，针对层2的单层回归分析发现，团队领导心理资本显著影响团队积极情感基调（$\beta = 0.43$，$p < 0.001$)，假设5得到验证。M_5 检验团队领导心理资本对员工核心自我评价与其工作投入的跨层调节效应（$\gamma_{11} = 0.12$，$p < 0.05$)，并以高于均值一个标准差和低于均值一个标准差为基准，绘制了如图4-2-2所示的团队领导心理资本调节效应图，可以看出，团队领导心理资本较高，员工工作投入随着核心自我评价的增加而增强；而团队领导心理资本较低，员工核心自我评价对工作投入的影响变弱，假设6得到验证。

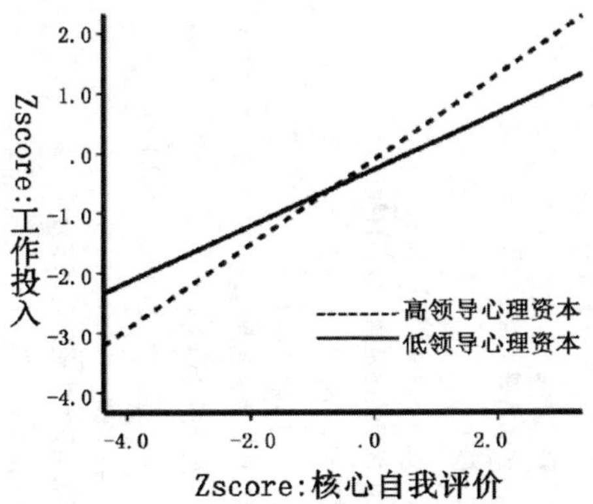

图4-2-2　团队领导心理资本调节效应图

表 4-2-2 HLM 分析结果：主效应和交互效应

模型	参数估计							
	γ_{00}	γ_{01}	γ_{02}	γ_{10}	γ_{11}	σ^2	τ_{00}	τ_{11}
M_1：零模型								
L_1：$JE = \beta_0 + r$	62.38***					171.87	10.28***	
L_2：$\beta_0 = \gamma_{00} + \mu_0$								
M_2：团队积极情感基调→工作投入								
L_1：$JE = \beta_0 + r$	10.19*	1.73***				171.83	4.99***	
L_2：$\beta_0 = \gamma_{00} + \gamma_{01}^{c}(GPAT) + \mu_0$								
M_3：团队积极情感基调→核心自我评价								
L_1：$SCE = \beta_0 + r$	21.20***	0.65***				35.94	2.46***	
L_2：$\beta_0 = \gamma_{00} + \gamma_{01}^{a}(GPAT) + \mu_0$								
M_4：团队积极情感基调、核心自我评价→工作投入								
L_1：$JE = \beta_0 + \beta_1(SCE) + r$	-9.33	1.20***	0.87***	1.71***		116.06	5.27***	
L_2：$JE = \gamma_{00} + \gamma_{01}^{c'}(GPAT) + \gamma_{02}(GSCE) + \mu_0$								
$\beta_1 = \gamma_{10}^{b} + \mu_1$								
M_5：团队领导心理资本的调节效应								
L_1：$JE = \beta_0 + \beta_1(SCE) + r$	62.37***	0.16		1.22***	0.12*	116.63	11.01***	0.23
L_2：$\beta_0 = \gamma_{00} + \gamma_{01}(LCAP) + \mu_0$								
$\beta_1 = \gamma_{10} + \gamma_{11}(LCAP) + \mu_1$								

注：JE 为工作投入，SCE 为核心自我评价，*GPAT* 为团队积极情感基调，*GSCE* 为团队层的核心自我评价，*LCAP* 为团队领导心理资本。层 1 数据组中心化，层 2 数据总中心化。$*p<0.05$；$**p<0.01$；$***p<0.001$

4 情感传染作用下的新生代企业员工工作投入分析

4.1 研究结论

以情感传染理论作为切入点，发现下行传递效应通过聚合、发散、对应三条路径得以实现。微观层的团队领导心理资本经模仿与复制，聚合为中观层的团队积极情感基调；中观层的团队情感基调经感染与传播，发散至员工，通过影响员工核心自我评价，带来宏观层工作投入的提升；新生代企业员工核心自我评价对工作投入的影响程度又取决于员工对团队领导心理资本移入与调节的对应判断。如果团队领导心理资本较高，新生代企业员工会以强烈的动机去学习效仿领导的思维模式和行为特点，加以创造性努力，从而提高工作投入水平。相反，如果团队领导心理资本较低，会阻碍员工自我实现的输出，即使员工具有较高核心自我评价，也很难表现出较高工作投入。总体来看，下行传递效应并非无条件范式，无论选择哪条路径，情感传染都离不开员工对所接收信息的加工程度和合适性判断，而这种加工与判断又受信息表达者、接收者以及信息传递情境的影响。

4.2 理论价值与实践意义

利用多层线性模型展现出工作团队情感传递过程，理论价值在于：首先，对领导→团队→员工的开放式半环状传递效应进行本土化研究，有利于发掘中国传统组织文化中的积极因素。中国的工作团队内有浓厚的集体主义倾向，员工认同尊卑有序的组织结构，强调团队内的协调一致，利用积极情感传递，可以形成各司其职、各尽所能的组织氛围。其次，情感传递过程中，新生代企业员工对“圈内人”身份信息的认知和加工，以及对自身与领导特质匹配程度的合适性判断，突破了传统的简单情感传染框架，为打开情感传染“黑箱”融入了认知方面的新证据。再次，团队积极情感基调的引入，使情感传染的研究视野从单纯的个体层面扩展到群体动力作用下的跨层面研究，这正是积极心理学和组织行为学研究取向的典型体现。

实践方面，企业只有增强团队领导心理资本和提高员工核心自我评价，积极营造团队积极情感基调，使团队“心往一处想，劲往一处使”，才能充分发挥“1 + 1 > 2”的作用，预防消极情感带来的涟漪效果，有效增进积极情感的循环效应。

首先，当前世界经济全球化的背景下，要求企业全面提升管理水平，转变经营模式，进一步增强创新力和竞争力。团队积极情感基调不仅可以促进新生代企业员工工作投入，也为企业优化管理提供了有效途径。团队积极情感基调是高水平团队品质的象征，需要员工长期不断地投入情感和精力去维护和发展。

其次，组织情境中，基于情感连接的上下级关系对新生代企业员工工作态度与行为具有重要影响。心理资本是领导力下行传递过程中必不可少的特质，可以保证领导既能“统揽全局”，又能“以德服人”。因此，企业应将领导心理资本纳入处于组织战略地位的领导者胜任力模型之中，将其作为招聘、甄选以及考核企业管理者的重要评价指标。

再次，鉴于情绪传染与个体认知相得益彰，企业在为新生代企业员工营造积极团队愿景，员工也要学会融入所谓团队的“圈子”，不要因为特立独行或思维偏执而破坏团队整体氛围，也不要因为嫉妒排挤或急于表现而增加团队成员之间的嫌隙，而要充分享受群体互动与情感互惠带来的工作乐趣。

4.3 研究不足及展望

研究对象方面，工作团队的选择不单单局限于现实存在的工作团队，以电话、电子邮件、微信等方式，将家庭办公者或远程办公者联合一起的虚拟工作团队，同样存在着围绕语言或文字线索展开的情感传染问题，未来研究应加大对这一群体的取样力度。研究内容方面，在将团队积极情感基调作为情境变量的基础上，尚需进一步揭示具体哪种积极情感对团队或是员工产生重要影响。未来研究可对团队激情、团队自豪感等具体情境变量及其作用结果加以研究。研究方法方面，遗憾的是，未能实现中介效应与调节效应的一体化整合分析。未来如果能够采用纵向实验设计，考查积极情感在团队层面和个体层面的传递，会为研究结论的推广提供更有力的证据。

三、团队创造力影响新生代企业员工主动工作行为的跨层次模型

1 团队创造力与主动工作行为

知识分享（knowledge sharing）是向他人传授显性知识（如方法、流程、技术等）与隐性知识（如经验、技巧、诀窍等）的过程，其目的在于帮助他人完成工作任务，共同推进工作目标得以实现①。知识分享有利于促进知识应用与转化，增强组织竞争优势。作为一种工作资源，知识分享多发生于团队员工间面对面或书面形式的交流过程中。能否将知识当作公共物品在工作团队中加以分享？这个问题往往使个体陷入进退两难的境地。一方面，团队员工可能因为知识分享需耗费额外时间与精力，并对自身地位或权力造成威胁等原因，选择严格保守自身的知识技能，而通过知识隐藏（knowledge hiding）追求个体利益最大化，势必与团队总体利益发生冲突。另一方面，如果团队员工将自己的知识拿出来分享，并将其作为公共资源提供给团队内其他成员，就会造成其他成员在对团队知识

---

① Cummings J N. Work groups, structural diversity, and knowledge sharing in a global organization [J]. Management Science, 2004, 50: 352－364.

建设毫无贡献的前提下“免费搭便车”。知识分享授受双方的不平等，势必有损知识分享者的利益。为解决知识分享过程中的两难问题，企业管理者往往通过保证绩效考评公平性、加大对知识分享者奖励力度等措施，提升团队员工分享意愿与行为。然而，组织行为学领域围绕知识分享展开的系列研究却表明，许多团队员工将知识分享视为角色外行为，经济利益不一定能促进知识分享，单纯依靠外部激励会使知识分享失去原本的意义①。如何使新生代企业员工有效开展知识分享？知识分享属于个体自愿行为，很大程度上由团队员工内在特征决定，而外在因素在知识分享过程中更多地发挥着促进或是抑制作用。以往研究鲜有检验个体特征对知识分享的影响，其作用机制更缺乏探讨。

主动性人格是个体内在的、持久的特质系统，是影响知识分享行为决策中不可忽略的因素，为帮助新生代企业员工走出知识分享“怪圈”提供了重要线索。主动性人格需在实际工作中转化为行动才会发挥作用，个体努力促使工作资源与工作要求保持平衡的主动行为——工作重塑（job crafting），有助于个体对工作中所需的知识、技能、能力以及人际关系等（KSAOs）进行积极塑造，并在主动性人格的引导下，促进知识分享的发生。在实证研究中，知识分享常被当作是团队创造力的前因变量。事实上，随着知识创造活动越来越多地以团队形式开展，团队员工对多样化知识的整合与共享，嵌套于团队

① Wang S，Noe R A. Knowledge sharing：A review and directions for future research[J]. Human Resource Management Review，2010，20（2）：115－131.

任务分工与互动空间的框架之内，并随情境产生波动。团队员工所持倾向性态度和所做实际努力等近端变量对知识分享的影响，离不开与团队创造力等远端变量的动态耦合。团队创造力作为团队过程、特征和规范的合成体，对员工知识分享的“鞭策性”作用是否也是一把“双刃剑”？团队层面的创造力水平与个体层面的主动性因素共同作用下的新生代企业员工知识分享形成机制如何？通过跨层次考察团队创造力对新生代企业员工主动性与知识分享直接或间接关系的边界效应，有利于深度刻画团队创造力影响新生代企业员工知识分享行为，是一个重要的研究课题。

1.1 主动性人格与知识分享

主动性人格是个体主动采取行动改变周围环境的稳定人格倾向。相对于习惯接受或适应环境的个体，具有主动性人格的个体通常会积极主动地改变与塑造环境①。三项关于主动性人格的元分析都表明，主动性人格是独特的人格结构，同工作控

① Bateman T S, Crant M J. The proactive component of organizational behavior: A measure and correlates summary [J]. Journal of Organizational Behavior, 1993, 14: 103 – 119.

制、社会支持等有利的工作特征相关联①②③。反映在具体的组织环境中，主动性人格的员工具有很强的学习动机，高水平的学习自我效能感，且多持有学习目标导向，将知识分享视为反思与学习的自我提升过程，因此具有较强的知识分享意愿④⑤。主动性人格的员工会主动与工作伙伴建立并维系社会网络关系，以此来寻求相关的信息资源、机遇识别及社会资本⑥。结合社会交换理论，主动性人格的员工具有与同事交换高价值资源的优势，并擅于建立与团队中其他成员互惠互助的网络关系。当得到同事的积极支持时，主动性人格的员工往往也会产生回报，随着双方社会交换的感知程度增加，其知识分享意愿与行为会相应得到提升。由此提出假设 1：新生代企业员工的主动性人格正向影响其知识分享。

① Fuller B, Marler L E. Change driven by nature: A meta - analytic review of the proactive personality literature [J]. Journal of Vocational Behavior, 2009, 75: 329 - 345.

② Thomas J P, Whitman D S, Viswesvaran C. Employee proactivity in organizations: A comparative meta - analysis of emergent proactive constructs [J]. Journal of Occupational and Organizational Psychology, 2010, 83: 275 - 300.

③ Tornau K, Frese M. Construct clean - up in proactivity research: A meta - analysis on the nomological net of work - related proactivity concepts and incremental validity[J]. Applied Psychology: An International Review, 2013, 62: 44 - 96.

④ Major D A, Turner J E, Fletcher T D. Linking proactive personality and the big five to motivation to learn and development activity [J]. Journal of Applied Psychology, 2006, 91: 927 - 935.

⑤ Briscoe J P, Hall D T, Frautschy DeMuth R L. Protean and boundaryless careers: An empirical exploration [J]. Journal of Vocational Behavior, 2006, 69: 30 - 47.

⑥ Thompson J A. Proactive personality and job performance: A social capital perspective on mediating behaviors [J]. Journal of Applied Psychology, 2005, 90: 1011 - 1017.

1.2 工作重塑的中介作用

2001 年，Wrzesniewski 与 Dutton 首次提出工作重塑（job crafting）概念，体现了员工的积极主动性——以主动的行为去重新定义和塑造工作内容、工作方式以及与他人的合作关系，其目的是重构工作身份、获得工作意义①。工作重塑突破了传统工作设计中工作扩大化和丰富化规定动作，将关注点转向员工自下而上（bottom-up）进行的工作设计②。Tims 和 Bakker 发现，主动性人格与工作重塑间存在一定关系，具有主动性人格的员工会自发改变工作界限，达成自己的工作目标③。Li 的纵向研究表明，主动性人格与员工的工作控制感、工作要求、社会支持感存在显著正向关系，组织限制感会阻碍员工主动性人格的发挥④。根据人—环境匹配理论，主动性人格是个体改变环境的特质倾向，而工作重塑是员工重构工作的一种手段。个体与不断变化的工作环境相协调，为主动性人格和工作重塑的契合奠定了基础。在工作中，主动性人格的员工会主动寻求帮助与反馈，通过获取工作自主权、提升创新技能等方式，丰富并改善自身工作环境。故提出假设 2：新生代企业员工的主

---

① 胡睿玲，田喜洲．重构工作身份与意义——工作重塑研究述评［J］．外国经济与管理，2015，37（10）：69－81.

② Tims M，Bakker A B，Derks D. Development and validation of the job crafting scale［J］. Journal of Vocational Behavior，2012，80：173－186.

③ Tims M，Bakker A B. Job crafting：Towards a new model of individual job redesign［J］. South African Journal of Industrial Psychology，2010，36：1－9.

④ Li W D，Fay D，Frese M，Harms P D，Gao X Y. Reciprocal relationship between proactive personality and work characteristics：A latent change score approach［J］. Journal of Applied Psychology，2014，99（5）：948－965.

动性人格正向影响其工作重塑。

工作重塑能触发员工依据自身能力与经验对工作进行调整。考虑到社会嵌入（social embeddedness）成分，面对相似的工作任务，员工可能会联合他人一起改变工作任务、关系或认知，并在长期人际互动中形成基于责任与互惠的知识交换。例如，Leana 等人发现，合作型工作重塑更有助于提高教师工作质量，特别是可以带动经验少的教师，通过合作工作重塑来分享和扩展相关知识①。工作重塑具备非物质回报性社会特征，员工往往通过工作关系重塑改变与工作伙伴交往的关系质量，促进个人成长与组织发展，获得精神上的满足与幸福。中国集体文化背景下的知识团队中，工作重塑的开展必不可少会涉及知识分享等利他行为的发生。Shusha 对埃及医护人员的研究也表明，进行工作重塑的员工在工作中表现出更多的利他行为②。可见，团队成员工作重塑过程中表现出的合作倾向与关系倾向，恰恰满足了知识分享所体现的自主性、合作性和利他性原则，从而使知识分享成为可能。故提出假设 3：新生代企业员工工作重塑与知识分享正相关。

根据上述推论，知识分享的形成是个体内在特质与外显行为共同作用的结果。对于新生代企业员工而言，由于主动性人格的影响，具有不同技能和专长的员工会借助于工作重塑平台

---

① Leana C, Appelbaum E, Shevchuk I. Work process and quality of care in early childhood education: The role of job crafting [J]. Academy of Management Journal, 2009, 52 (6): 1169 - 1192.

② Shusha A. The effects of job crafting on organizational citizenship behavior: Evidence from Egyptian Medical Centers [J]. International Business Research, 2014, 7 (6): 140 - 149.

进行工作结构及工作关系再设计。工作重塑的动态协调过程也正是对原有知识结构加以改进及分享的过程，员工的知识分享意愿及知识分享执行力能够得到充分表达。因此，在主动性人格的驱动下，员工的工作重塑作为一种外在执行力，对知识互动起催化作用。故提出假设4：工作重塑在新生代企业员工主动性人格和知识分享关系间起中介作用。

1.3 团队创造力的调节作用

团队创造力代表了创新的想法、产品、服务或程序在团队层面的产生过程，为员工提供了基于团队情境的互动空间，并通过不同的运作形态产生协同效应，使团队实现个体无法单独完成的创造效能①。从表面上看，团队内的组合势态给个体提供了产生知识分享的环境，但团队创造力并非个体知识的简单叠加，每个成员都有很强的创造力，团队创造力并不一定强，有时甚至会带来不利影响②。对于团队成员而言，最重要的是对团队创造力所传递的信息进行适当加工。在团队总体创造力足够优化的情况下，员工为充分发挥个体能动性所表现出的工作重塑也可能为其他员工提供比较的机会，容易引起员工间的妒忌，会降低团队的凝聚力，影响团队合作，并引发团队关系性冲突，而这样的关系性冲突被证明对知识分享是不利的③。

① Farh J L, Lee C, Farh C I. Task conflict and team creativity: A question of how much and when [J]. Journal of Applied Psychology, 2010, 95 (6): 1173 - 1180.

② 沙开庆，杨忠．国外团队创造力研究综述[J]．经济管理，2015，37 (7)：191 - 199.

③ 张春雨．工作设计的新视角：员工的工作重塑[J]．心理科学进展，2012，20 (08)：1305 - 1313.

相反，低创造力团队的核心刚性会导致成员对现存工作惯例过分遵循，团队成员有必要进行工作重塑，走出在资源共享、提高知识可接近性等方面的误区，使团队的知识结构出现“去中心化”趋势。研究表明，低水平成员可以通过提升技能、与伙伴建立更密切的关系等方式进行工作重塑，通过知识分享向其他团队成员展示自身的知识水平，提高自己在团队中的影响力和话语权①②。基于上述分析，提出假设5：团队创造力与新生代企业员工工作重塑对团队成员的知识分享行为存在交互作用。当团队创造力较低时，新生代企业员工工作重塑与知识分享的正向相关更强。

为什么团队创造力作用下的知识分享，有时体现的是“1+1>2”的效果，而有时则是“1+1<2”的效果？根据特质激活理论，当个体特质受到环境线索的启发并与之相匹配时，才会被激活并充分表现出来。个体层面的主动性人格和工作重塑需嵌入到团队创造力的情境内，才能适时地被激发，适当地发挥其对知识分享的积极作用。为揭开知识分享形成机制的“黑箱”，既阐明主动性人格怎样通过工作重塑对知识分享起作用，又揭示团队创造力在何时对这一过程的作用更大，遵循工作重塑是员工主动性人格与知识分享之间的中介变量，而团队创造力调节着工作重塑与知识分享之间关系的逻辑假设，

---

① Berg J M, Wrzesniewski A, Dutton J E. Perceiving and responding to challenges in job crafting at different ranks: When proactivity requires adaptivity [J]. Journal of Organizational Behavior, 2010, 31 (2-3): 158-186.

② Van Leeuwen E, Tauber S. Demonstrating knowledge: The effects of group status on outgroup helping [J]. Journal of Experimental Social Psychology, 2011, 47 (1): 147-156.

尝试构建几个变量之间有调节的中介模型（Moderated Mediation Model）。特质激活理论指出，特质变量的影响是否显著，取决于环境赋予的线索。团队创造力作为一种情境变量，会放大或减弱主动性人格通过工作重塑对知识分享的影响力。同高创造力团队相比，低创造力团队的工作设计不利于工作的开展，但却为员工发挥自主性提供了机会。为摆脱团队创造力总体水平较低的困境，具有主动性人格的员工会通过增加自身工作资源等途径对工作加以重塑。在此过程中，出于对团队整体进步的需求，会通过“拉帮带”等形式主动与同事进行知识分享。例如，Kim 的研究曾证实，团队内其他同事低水平的自我效能会促使团队成员改变现状，提高知识分享的可能性及作用效果①。针对上述研究，提出假设 6：主动性人格通过工作重塑对知识分享的中介作用被团队创造力所调节，与高创造力团队相比，低创造力团队新生代企业员工工作重塑的中介效应更强。总体研究框架如图 4－3－1 所示。

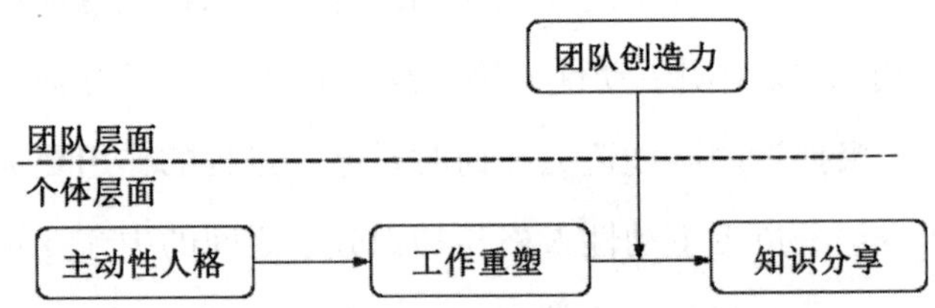

图 4－3－1　新生代企业员工知识分享形成机制的跨层次理论模型

① Kim S L，Yun S. The effect of coworker knowledge sharing on performance and its boundary conditions：An interactional perspective［J］. Journal of Applied Psychology，2015，100（2）：575.

2 新生代企业员工团队创造力与主动工作行为的测评

2.1 研究样本

为契合研究主题，样本主要选择知识型团队，团队成员以从事科技或研发工作的新生代企业员工为主。正式研究样本来自于北京、上海、哈尔滨等地 18 家大型企业的 72 个知识型工作团队，这些企业涉及出版、信通及软件等行业。问卷发放采用现场和网络作答二选其一的方式进行，共有 450 名新生代企业员工参与调查，最终得到 68 个知识型团队总计 385 份有效数据。团队样本特征显示：人数最多的团队有 14 人，最少的有 3 人，平均人数为 7.04 人；团队成立的平均时间为 7.83 年。新生代企业员工样本特征显示：男性 160 人，占 41.6%，女性 225 人，占 58.4%；平均年龄为 30.45 岁；89% 拥有本科及以上学历。

2.2 测量工具

2.2.1 团队创造力　采用 Zhou 和 George 编制的创造力量表①，包括“经常检验新工作方法的有效性”等 13 个条目。采用 5 点评定，“0”表示“从不”到“5”表示“总是”，分数越高，创造力水平越高。总量表 Cronbach's α 为 0.90。各项

① Zhou J, George J M. When job dissatisfaction leads to creativity: Encouraging the expression of voice [J]. Academy of Management Journal, 2001, 44: 682 - 696.

拟合指数良好：χ^2/df = 2.89，$RMSEA$ = 0.06，GFI = 0.90，NFI = 0.88，CFI = 0.87。

2.2.2 主动性人格　采用 Bateman 和 Crant 编制的主动性人格量表①，包括“我喜欢挑战现状”等 17 个条目。采用 7 点评定，“1”表示“完全不符合”到“7”表示“完全符合”，分数越高，主动性人格水平越高。总量表 Cronbach's α 为 0.94。各项拟合指数良好：χ^2/df = 1.86，$RMSEA$ = 0.07，GFI = 0.91，NFI = 0.90，CFI = 0.90。

2.2.3 工作重塑　采用 Tims，Bakker 和 Derks 编制的工作重塑量表②，包括“我努力发展自己各方面能力”等 15 个条目。采用 5 点评定，“0”表示“从不”到“5”表示“总是”，分数越高，工作重塑水平越高。总量表 Cronbach's α 为 0.93。各项拟合指数良好：χ^2/df = 2.85，$RMSEA$ = 0.07，GFI = 0.91，NFI = 0.83，CFI = 0.88。

2.2.4 知识分享　采用王雁飞和朱瑜编制的知识分享量表③，包括“我乐意与他人分享知识与经验”等 10 个条目。采用 5 点评定，“1”表示“非常不符合”到“5”表示“非常符合”，分数越高，知识分享水平越高。总量表 Cronbach's α 为 0.91。各项拟合指数良好：χ^2/df = 2.85，$RMSEA$ = 0.05，

① Bateman T S，Crant M J. The proactive component of organizational behavior：A measure and correlates summary [J]. Journal of Organizational Behavior，1993，14：103 - 119.

② Tims M，Bakker A B，Derks D. Development and validation of the job crafting scale [J]. Journal of Vocational Behavior，2012，80：173 - 186.

③ 王雁飞，朱瑜. 组织社会化、信任、知识分享与创新行为：机制与路径研究[J]. 研究与发展管理，2012，24（2）：34 - 46.

$GFI=0.96$，$NFI=0.9$，$CFI=0.85$。

2.3 数据分析

采用 SPSS 20.0 进行描述性统计、信度检验及相关分析，采用 AMOS 20.0 进行相关问卷的验证性因素分析，采用 HLM 6.02 进行数据的跨层次检验。

团队创造力是团队层面的构念，*ICC*（1）、*ICC*（2）、*R*wg 是判断个体数据聚合为团队概念是否可靠的常用指标。通过计算，*ICC*（1）和 *ICC*（2）分别为 0.41 和 0.70，高于 *ICC*（1）>0.05，*ICC*（2）>0.5 的经验标准。*R*wg 指标的平均数和中位数分别为 0.91 和 0.96，高于 0.7 的判断标准。另外，方差分析结果显示，不同团队对创造力感知存在显著的组间变异，$F(67, 317)=2.33$，$p<0.001$。因此，将创造力聚合成团队层面的概念是可行的。

3 研究结果

3.1 共同方法偏差检验

主动性人格、工作重塑和知识分享等个体层面数据由新生代企业员工自陈完成，运用 Harman 单因素检验，对共同方法变异严重程度进行诊断，结果发现没有单一因子被析出。分别构建三个结构方程模型进行比较，结果显示三因子模型拟合效果最好（$\chi2/df=2.65$，$RMSEA=0.04$，$GFI=0.92$，$NFI=0.91$，$CFI=0.86$,），研究中不存在严重的共同方法偏差。

3.2 描述性统计

个体层面和团队层面变量的均值、标准差和相关系数，参见表4－3－1和表4－3－2。可以看出，在个体层面，知识分享与年龄、团队内工作时间、主动性人格、工作重塑均存在显著正相关。为验证这些变量间的关系，将进一步采用多层模型加以分析。

表4－3－1　个体层面变量描述性统计（n=385）

变量	M	SD	1	2	3	4	5	6	7
1 性别	1.58	0.49	1						
2 教育水平	2.02	0.49	0.13*	1					
3 年龄	30.45	6.96	-0.09	-0.02	1				
4 团队工龄	7.83	7.63	-0.80	-0.11	0.96**	1			
5 主动性人格	76.84	14.99	0.01	0.06	0.02	0.02	1		
6 工作重塑	70.89	10.13	0.03	0.15**	0.02	-0.01	0.50**	1	
7 知识分享	47.52	6.34	0.05	0.08	0.16**	0.15**	0.62**	0.65**	1

注：* $p<0.05$；** $p<0.01$

表4－3－2　团队层面变量描述性统计（N=68）

变量	M	SD	1	2	3
1 团队规模	7.04	3.22	1		
2 团队成立时间	7.83	4.54	0.01	1	
3 团队创造力	27.38	3.10	-0.07	0.07	1

3.3 作用机制检验

作用机制检验结果详见表4－3－3。中介效应检验步骤如下：首先，由 M_1 可知，主动性人格对工作重塑有显著正向影响（$\gamma=0.31$，$p<0.001$），假设1得到支持。其次，由 M_3 可知，主动性人格对知识分享也有显著正向影响（$\gamma=0.24$，$p<0.001$），假设2得到支持。再次，M_4 显示，工作重塑对知识分享正向影响显著（$\gamma=0.28$，$p<0.001$），结合 M_3 和 M_4，在同时加入自变量和中介变量后，主动性人格对知识分享的影响系数减弱（从 $\gamma=0.24$ 到 $\gamma=0.15$），但是显著性没有消失，满足部分中介的条件，假设3和假设4得到证实。

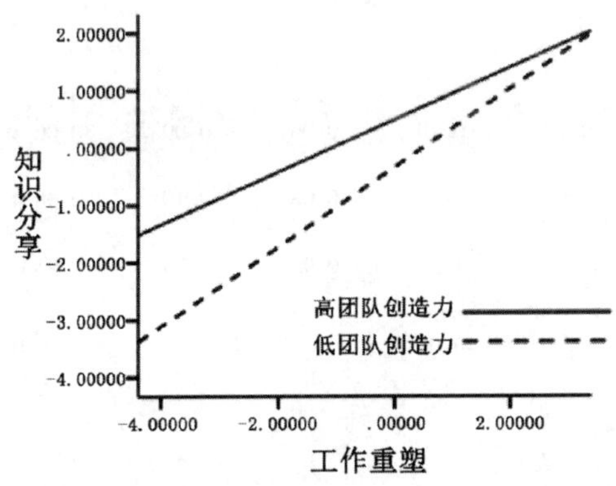

图4－3－2　团队创造力的调节效应图

M_6 结果表明，团队创造力对员工工作重塑和知识分享之间关系的调节效应显著（$\gamma=-0.02$，$p<0.01$），假设5得到支持。以高于均值一个标准差和低于均值一个标准差为基准，绘制了图4－3－2所示团队创造力的调节效应图，可以看出，

团队创造力越低，新生代企业员工工作重塑与知识分享的正向关系越强。

表 4-3-3　HLM 分析结果：主效应和交互效应

变量	工作重塑			知识分享		
	M_1	M_2	M_3	M_4	M_5	M_6
截距（γ_{00}） Level 1	26.03***	26.07***	19.94***	18.76***	19.86***	18.24***
性别	1.19	1.18	0.90	0.69	0.90*	0.73*
教育水平	0.59	10.58	0.23	0.08	0.24	-0.03
年龄	0.34	0.34	0.13	-0.02	0.14	-0.01
团队内工作时间	-0.26	-0.26	0.03	0.16	0.02	0.15
主动性人格	0.31***	0.25*	0.24***	0.15***	0.27	0.15***
工作重塑				0.28***		0.79***
Level 2						
团队规模	0.19	0.19	0.06	0.09	0.06	0.06
团队成立时间	-0.04	-0.04	0.08	0.10	0.08	0.09
团队创造力	1.57***	1.5***	0.95***	0.99***	0.95***	0.99***
主动性人格＊团队创造力		0.01			-0.01	
工作重塑＊团队创造力						-0.02**
σ^2	52.11	52.22	17.60	12.65	17.64	12.71
τ_{00}	2.25**	2.24	1.51	1.96	1.50	1.91
Deviance	2,660.50	2,706.75	2,286.19	2,195.37	2,292.16	2,200.30

注：个体 $n=385$，团队 $N=68$；所有系数为带有稳健标准误（robust standard errors）的值。$*p<0.05$；$**p<0.01$；$***p<0.001$

根据温忠麟，叶宝娟推荐的程序①，检验被团队创造力跨层次调节的中介效应。首先，建立主动性人格与知识分享关系的简单调节模型。M_5表明，在未考虑中介效应的情况下，主动性人格对知识分享的作用不显著（$\gamma = 0.27$，*n. s.*），直接路径未受到团队创造力的调节（$\gamma = -0.01$，*n. s.*）。其次，在直接效应没有受到调节的情况下，检验主动性人格通过工作重塑对知识分享的中介效应是否受到团队创造力的调节。M_2表明，主动性人格对工作重塑的作用显著（$\gamma^{a1} = 0.25$，$p < 0.01$），团队创造力对主动性人格和工作重塑之间关系的影响不显著（$\gamma^{a3} = 0.01$，*n. s.*）。M_6 表明，工作重塑对知识分享的作用显著（$\gamma^{b1} = 0.79$，$p < 0.001$），团队创造力对工作重塑和知识分享之间关系的影响显著（$\gamma^{b2} = -0.02$，$p < 0.01$）。γ^{a1}和γ^{b2}，γ^{a3}和γ^{b1}，γ^{a3}和γ^{b2}三对组合中，只有γ^{a1}和γ^{b2}均显著，表明工作重塑在主动性人格与知识分享之间所起的中介效应的后半路径，受团队创造力的调节。当团队创造力取值为均值加减一个标准差时，高团队创造力中，中介效应为（$\gamma = 0.16$，$p < 0.01$），而在低创造力团队中，中介效应为（$\gamma = 0.21$，$p < 0.01$），这两个间接效应的估计值之间存在 0.05 的差异，95% 的置信区间为［0.017，0.086］。假设 6 得到支持，有调节的中介模型成立。

① 温忠麟，叶宝娟．有调节的中介模型检验方法：竞争还是替补？［J］．心理学报，2014，46（5）：714－726.

4 结论与意义

4.1 研究结论

知识分享是员工的个体行为，但从个体层面考察知识分享，主要是沿袭传统的心理学研究范式。将知识分享研究框定在心理化个体层面，忽略团队层面对个体认知和行为的作用，将会大大降低研究的解释力。因此，跨层次分析团队创造力作用下的知识分享形成机制，有助于系统解读知识分享的情境相关性。

以特质激活理论作为观察视角，发现新生代企业员工的知识分享通过直接、间接和交互三条路径得以实现：微观层的新生代企业员工主动性人格除了会对知识分享产生直接影响，也会提升工作重塑水平。其中，工作重塑既是新生代企业员工主动性人格的作用结果，又使得个体在知识活动过程中表现出更多的参与性与互动性，在主动性人格与知识分享之间起着间接的“桥梁”作用。宏观层的团队创造力以交替互动的方式发生于个体与团队之间，跨层次研究表明，与高创造力团队相比，在低创造力团队中，新生代企业员工工作重塑与知识分享的正向相关更为显著。总体看来，团队创造力作用下的知识分享并非无条件范式，主动性人格通过工作重塑对知识分享的中介作用受团队创造力的调节。同高创造力团队相比，低创造力团队更应当重视提高新生代企业员工工作重塑，才能更有效地提高其知识分享能力。

4.2 理论与实践意义

团队创造力和知识分享是组织创新的基石。通过对团队创造力作用下的知识分享形成机制的系统分析，体现了以下几点理论价值：首先，现有研究多从经济学、组织行为、信息系统、战略管理等学科角度对知识分享加以分析，本研究则从人力资源管理心理学视角，进行个体特征与知识分享关系的理论探讨和实证检验，在深化主动性人格研究成果的同时，也为知识分享的内在激励提供了新视角。其次，将工作重塑引入研究框架，使工作再设计的关注点，从工作本身转向能够改变工作的新生代企业员工，这正是积极心理学和组织行为学研究的典型体现。再次，基于团队变量与个体变量互动的研究视角，澄清了团队创造力如何影响新生代企业员工知识分享的内在作用机制，为特质激活理论提供了证据。

在实践方面：首先，主动性人格作为个体能动性的核心表达方式，是保障新生代企业员工开展工作重塑、提升知识分享的重要因素，企业应将主动性人格纳入新生代企业员工胜任力模型之中，将其作为招聘、甄选的重要评价指标。其次，企业还应意识到知识分享的激发，并不完全由新生代企业员工个体人格因素所决定，更重要的是调动新生代企业员工，通过工作重塑使新生代企业员工间相互的知识分享产生协同效应。再次，高创造力团队可以保障新生代企业员工的主动性得到充分自如的发挥，从而完成既向他人传递和转移知识，也从他人处搜寻与获取知识的信息交换过程。对于低创造力团队，管理者应重视工作重塑水平高的新生代企业员工，使其敢为天下先，积极分享个人经验和知识，在兼容并蓄各种建议的同时，勇于按照自己的能力和经验对工作进行重新调整，使团队中产生“鲶鱼效应”。由此，管理者可以给高工作重塑的新生代企业员工提供更多的自主性空间，为其特质优势的发挥提供条件。总之，知识分享的形成并非一蹴而就，企业应注重营造团队创造力愿景，可以通过促使团队成员积极参与工作重塑、互动学习和信息交流等一系列措施，对新生代企业员工知识分享进行塑造和强化，从而提升团队创造力的增益循环效应。

4.3 研究不足及展望

研究对象方面，知识型团队的选择不单单局限于现实存在的工作团队，以电子邮件、微信等方式，将家庭办公者或远程办公者联合到一起的虚拟工作团队，同样存在着知识分享问题，未来研究应加大对这一群体的取样力度。研究内容方面，在将主动性人格和工作重塑作为影响新生代企业员工知识分享关键因素的基础上，未来研究可进一步拓展到谏言、负责任（taking charge）等具体个体主动性变量及其作用结果。研究方法方面，研究所采用的横断设计尚不能精准阐释变量间的因果关系，未来如果能够采用纵向实验设计，可能会为研究结论的推广提供更有力的证据。

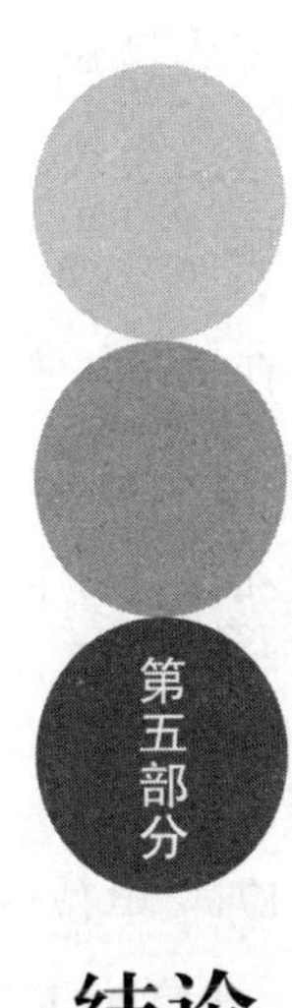

结论

工作倦怠与工作投入是职业健康心理学的重要研究内容。本书以新生代企业员工为被试，进行工作倦怠与工作投入的整合式研究，着重考察新生代企业员工在内外环境与群体动力学的联合作用下，职业心理健康的形成机制及相应积极组织行为的提升路径。在对职业健康心理学范畴下的工作倦怠与工作投入研究成果进行文献整理和理论分析的基础上，分别进行了个体层面和群体层面的新生代企业员工职业心理健康研究。

一方面，为探讨新生代企业员工工作倦怠与工作投入的生成模式，研究以东北地区 17 家单位的 600 余名新生代企业员工为被试，考察了新生代企业员工工作倦怠与工作投入的总体状况，并从微观与宏观相结合的视角展现了个体特质、工作—家庭冲突、工作环境作用下的新生代企业员工工作倦怠和工作投入的形成过程。研究结果表明：（1）当前新生代企业员工的工作倦怠总体水平较低，工作投入总体水平稍高。不同人口学特征的新生代企业员工在工作倦怠和工作投入方面存在差异，具体表现为，工作倦怠在工龄、婚姻状况、性别 × 职务、职务 × 工龄 × 婚姻上差异显著，工作投入在婚姻状况、工龄 × 职务、婚姻状况 × 职务上差异显著；（2）新生代企业员工在人格的精神质维度上的得分明显低于常模，在内—外倾向性、神经质、掩饰维度上的得分明显高于全国常模。进一步的相关分析和判别分析发现，内—外倾向性、神经质、精神质可以有效区分高倦怠组和非倦怠组，高投入组和非投入组。利用人格判别模型，可以对新生代企业员工工作倦怠分组和工作投入分组作出初步判定，并且可以认为工作倦怠和工作投入在人格上表现为互为相反的两种心理状态；（3）不同人口学特征的新生代企业员工，在工作—家庭冲突上存在差异。高倦怠组的新生代企业员工工作—家庭冲突得分显著高于非倦怠组，高投入组的新生代企业员工工作—家庭冲突得分显著低于非投入组。在控制了人口学变量的影响后，工作—家庭冲突对新生代企业员工的工作倦怠及工作投入均做出了有效预测；（4）新生代企业员工的体能工作要求和工作不稳定整体得分水平偏低，工作自主度、领导支持、同事支持整体得分呈中上水平，总体工作环境特征良好。在控制了人口统计学变量之后，分层回归和进一步的优势分析发现，工作环境能够对新生代企业员工的工作倦怠和工作投入的具体表现做出有效预测。其中，工作自主度的贡献最大；（5）将新生代企业员工工作倦怠和工作投入置于个体特质、工作—家庭冲突、工作环境特征的共同作用之下，借助结构方程模型了解新生代企业员工工作倦怠和工作投入生成特点、生成过程、生成模式。结果表明，模型拟合指标良好，新生代企业员工工作倦怠和工作投入是在内外环境特征相互交替作用下的共生过程。

另一方面，为进一步明确预防干预理念在新生代企业员工职业心理健康研究实践中的应用，研究将认知、情感和团队因素引入职业健康心理学，从新生代企业员工核心自我评价、过度教育、群体内情感传染以及工作主动性等几个角度，论证如何才能够更好地提升新生代企业员工工作投入及积极组织行为，避免工作倦怠现象的发生。

首先，对16家企业447名新生代企业员工进行调查，通过层级回归分析新生代企业员工核心自我评价与工作投入的关系，以及考察心理授权与过度教育在此关系中发挥的作用。研究发现：新生代企业员工核心自我评价对工作投入有显著正向影响；心理授权在核心自我评价和工作投入关系中有部分中介效应；过度教育对心理授权中介效应的调节作用成立，对过度教育的高感知，不仅削弱核心自我评价与心理授权的正向关系，也进而弱化心理授权对工作投入的积极作用。

其次，以74名团队领导及其下属324名新生代企业员工的配对数据为样本，分析员工工作投入的形成机制。多层线性模型分析结果表明：团队积极情感基调对员工核心自我评价和工作投入有显著正向影响；团队积极情感基调对员工工作投入的传递作用以员工核心自我评价为中介得以实现；团队领导心理资本与团队积极情感基调显著相关，员工核心自我评价与工作投入的关系受团队领导心理资本下行传递效应的正向调节。团队领导心理资本较高，员工工作投入随着核心自我评价的增加而增强，而团队领导心理资本较低，员工核心自我评价对工作投入的影响变弱。

最后，以68个工作团队总计385名新生代企业员工的数据为调查样本，分析团队创造力作用下新生代企业员工主动性人格通过工作重塑影响知识分享的形成机制。多层线性模型分析结果发现：新生代企业员工主动性人格对其知识分享有显著的正向影响；新生代企业员工工作重塑是主动性人格与知识分享之间的中介变量；团队创造力对员工工作重塑与知识分享的关系具有跨层次的负向调节作用；工作重塑对主动性人格与知识分享关系的中介作用被团队创造力所调节，同高创造力团队相比，低创造力团队更应当重视提倡员工工作重塑，才能更有效地提高其知识分享。

索引

A

艾森克人格问卷　129

奥登伯格工作倦怠问卷　54

B

Bakker A B　5,6,89,90,92 - 94,127,132,139,194,230,236

Buunk BP　61

Barling J　30

标准化典型区别系数　135,136

C

存在心理学理论　57,58

D

Demerouti E　8,54,165,194

低职业效能　43,44,75,87,105,111,131,132,154,156,161,170 - 172,174,175,182 - 184,188

动机培养过程　9

多层线性模型　220,223,248

多因素方差分析　123,124

E

二级干预　14

F

Fredrickson B L 212

Freudenberger H J 44,46

方差齐性 113

分层回归 155 – 157,171,176,181,247

奉献 3,6,76,77,81,82,87,89,98,108 – 111,132,133,154,157,160,161,170,176 – 178,182 – 184,188,194,208,210

付出—回报失衡模型 164

G

George J M 211,235

Griffiths A 32

盖洛普工作调查 86

个体干预 14,66

工作不稳定性 11,170

工作沉迷 78 – 81

工作重塑 16,17,227,229 – 234,236 – 244,248,249

工作环境特征问卷 167,169,179,186

工作家庭冲突 28,30,39,145,146,148,156 – 159,161,188,191

工作家庭增益 92,161

工作卷入度 78 – 81,83,94

工作倦怠 2,3,5 – 12,14 – 16,18 – 21,39,42 – 70,72,74 – 77,87,89,95 – 101,104 – 107,111 – 114,116,122 – 128,130,131,134 – 149,153 – 156,158 – 161,163 – 167,169 – 172,179 – 181,183 – 186,188 – 192,246 – 248

工作侵扰家庭 145,149 – 151,153 – 157,160,161,186,188 – 190,192

工作认同　6

工作投入　2,3,5-12,15-21,39,50,63,64,70-78,80-95,97-101,104,107-112,116-118,120-128,130-134,136-145,147,148,153-155,157-163,165-167,169-171,176,177,179-186,188-192,194-197,199-221,223,224,246-248

工作要求　8,9,11,17,64,76,80,90,163-177,179,181,182,194,227,230

工作要求-资源模型　8,9,17,90,165,181,194,195

《工作与压力》　25,31,35,49

工作资源　8,9,17,64,83,90-93,165,166,194,226,227,234

工作自主度　164,167-179,182,183,186,188,190,247

公平理论　60,61

共同方法偏差　199,219,237

国家职业安全与健康研究院　11,24

过度教育　15,16,197-199,201-209,247,248

H

核心自我评价　15,73,88,195-198,200-203,205-209,211,213-221,223,224,247,248

环境共生模型　184-186,188-190

活力　3,6,70,75-77,80,87,89,109-111,132,133,142,154,157,160,161,170,176,177,182-184,188,194,210

活力耗费过程　9

霍桑试验　18

J

Johnson G J　15,201

Judge T A　195,197,200,218

讥诮　6,7,43,46,52-54,61,63,75,87,105,111,124,131,132,154,156,

170 - 174,182 - 184,188
积极心理学　5 - 8,19,41,72,77,88,96,99,100,224,243
积极组织行为　15,92,193,246,247
极差正规化得分　113,114,117,120
家庭侵扰工作　145,149 - 151,153 - 162,186,188 - 190,192
健康工作场所　30
角色理论　85
结构系数　135,136
精神质　130,131,134 - 138,141 - 143,186,188,190,246

K

Kahn W A　71,83
Karasek R A　163
Knight A P　212

L

Leiter M P　5
LSD 事后检验　114,116,118,120
涟漪效果　224
领导心理资本　212,215 - 217,219 - 221,223,224,248
领导支持　30,74,167 - 179,182,186,188,190,247

M

Maslach C　6,45 - 48,50,58,75,87,99,104,124,127,131
Münsterberg H　36
马氏工作倦怠问卷　48,50 - 52,104,139
美国心理学会　5,24,25,36 - 38

《美国心理学家》 4,25

美国职业健康心理学会 26,36,38

N

内生潜变量 188,190

内—外倾向性 129,130,134 – 137,141 – 143,246

能力调动 6

拟合指数 107,110,200,201,236

O

欧洲职业健康心理学学会 26

P

Pines A M 58

判别分析 129,134 – 136,141,142,246

Q

情感传染 15,16,210,211,217,223 – 225,247

情感耗尽 43,45,51,52,61,70,75,87,105,111,124,131,132,154,156,169 – 173,182 – 184,188

群体动力学 15,193,214,246

R

人力资源管理 18 – 20,73,211

人因工程 27

S

Schaufeli W B 5,6,45,48 – 50,52,53,61,75,77,85,94,99,108,127,139,181,218

Shirom A　45,75,76

Siegrist J　164

Sonnentag S　94

三级干预　14

社会比较理论　62,63

社会心理风险　13

神经质　127,130,131,134－138,141－143,186,188,190,246

世界卫生组织　28

T

Tetrick L　32

特质激活理论　233,234,242,243

体能工作要求　167－177,179,181,182,186,190,247

同事支持　167－172,174－177,179,181,182,186,188,190,247

团队创造力　226－228,232－235,237－244,248,249

团队积极情感基调　16,211－219,221,223－225,248

W

Warr P　164

外源潜变量　188,192

维他命模型　164

乌勒支工作投入量表　87

X

Xanthopoulou D　127

下行传递效应　16,212,215,216,223,248

相对剥夺感　15,16,198

相对剥夺理论　15,198,207

心理动力学理论　56

心理授权　196－209,214,248

新生代企业员工　3,4,9－12,15－17,19－21,97,98,100,101,111－113,116,117,122－126,128－131,134－138,140－144,148－151,155,158－160,163,167,169,171,176,179－181,183－186,188－199,201－203,205－215,217,223－235,237,240,242－244,246－248

幸福从业者　4,20

学习理论　59,60

Y

掩饰性　130,141

验证性因素分析　52,85,105－110,201,237

一级干预　14

应激理论　63

涌流　84

优势分析　170－172,176,177,181－183,247

有调节的中介模型　234,240,241

预防→控制→治疗的三级立体干预　13,14

Z

知识分享　14,226－229,231－234,236－244,248,249

知识隐藏　226

职业健康心理学　2－6,8－16,18－20,24－41,43,50,69,83,94,96,98,99,101,127,144,184,208,246,247

《职业健康心理学杂志》　25,30,31,38

职业取向　2

中介效应的调节作用检验　203

主动性人格　227－234,236－244,248,249

专注　3,6,55,72,76,77,84,85,87,89,108－111,132,133,154,157,160,161,170,176,177,179,182－184,188,194,210

资源保存理论　64,164

自我决定理论　197,207,208

组织承诺　9,78,81－83,92,94,166

组织创新　243

组织干预　67